随遇而安

孟非 著

浙江文艺出版社

目录
contents

目录
contents

目录
contents

自序

直到现在，我仍然不能确信究竟有多少人能看得下去这么平淡的一本书。我既没有到该写自传的岁数，更没有可以写自传的资本，只是因为今年正好无可避免地迈入不惑之年的门槛，似乎要做一些稍微特别点儿的事情才比较像样，这才有了这本书——这有点儿像我们的国家“逢五逢十”搞大庆的意思。

之前出版过两本杂文集，都是我在新闻节目里写的时评，属于本职工作的副产品。除此之外，就是现在这本关于我自己的书了，也是第一本关于我自己的书。

或许，有人会觉得《非诚勿扰》非常精彩，它的主持人也应该有同样精彩的人生。我可以肯定地说，这是一个误会。大多数采访过我的媒体朋友都不约而同地惊讶地发现，生活中的我竟然如此乏味——既没有高尚的情操，也没有高雅的情趣，更没有高深的思想，甚至说不出一点儿高级的俏皮话。他们普遍认为，生活中的我和电视里的那个人基本上还算表里如一，但相比之下少了很多趣味。记得有一个女记者采访我，半个多小时后实在忍不住了，绝望地对我说：“就你说的这些东西，怎么写得出一篇稿子来啊？”当时弄得我相当紧张和羞愧，恨不得把心掏给她，好让她写出一篇稍微像样点儿的东西拿回去交给她的主编。

这本书算是我一些人生片段的回忆，并不怎么精彩，但对于人们全面了解我这个人或许有点儿作用——如果真有这样的人的话。之前有些媒体把我的人生描述得相当苦逼和励志，比如“百度百科”上关于我的介绍，事实部分还算属实，但描述性的部分太多了，而且充满了作者自己“合理”的想象，加上“知音体”的文字风格，流传甚广，这让我一直感到相当难堪。于是产生了一个朴素的想法：与其让别人去“创作”，不如自己老老实实地写出来，算是“以正视听”。在我这个年纪已经明白了一件事情,那就是,写作的愿望和写作的能力完全是两件事情。而随着年龄不断增长，各种愿望和能力都会一并下降。所以，现在还有人愿意撺掇我写点儿关于自己的东西，也就半推半就地答应了。由此也可见我的性格之一，容易被说服，随遇而安。总之，必须事先老老实实地告诉读者，这是一本寡淡如我的书。如果有人肯读完它并由衷地认为很有意思，我只能认为：这是一个奇迹。

书里收录了一些近年来我在走过的地方拍下的相片，不能用摄影的眼光去要求它们，也就是些到此一游的东西，但它毕竟是我经历的组成部分，或许以后再版时，会增改更多图片。那是以后的事了。

“序言”的功能照例是要感谢一些人的。这本书的出版要感谢我的经纪人刘葆琪小姐，是在她的热心提议下我才决定写这本书的，而且她忍受了近半年来我的边写边抱怨。还要感谢罗斐编辑对这本书的耐心，不断催促我交稿。最后还要感谢磨铁的沈浩波先生，他为这本书几次亲赴南京并且假装饶有兴趣地听我说了很多无趣的故事。他出过那么多书，接触过那么多或有思想或有趣的作者，跟我数次长谈，听那么多无趣的琐事，不知他要付出多大的毅力。还有很多曾经帮助过我的老师、同事、领导和朋友，一本书的出版毕竟不是获奖感言，就不矫情地一并感谢了。

第一部分　重庆·童年

混浊了上千年的朝天门码头的江水依然混浊，潮湿阴暗了千百年的吊脚楼依然潮湿。在绿军装大行其道、人们的激情正被语录和标语调配得昂扬亢奋的一九七一年，我出生在重庆。

一、乡愁

对重庆这个城市的印象，主要来自我十二岁之前，之后我就跟着父母到了南京。

那时候的重庆真的是老重庆，至今我对它仍然怀着一种非常特殊的感情，一种想起来就要流泪的感情。面对那座城市，自私一点儿地说，我甚至不愿意看到它的日新月异的变化，我希望童年记忆中的那座城市永远永远不要有任何变化，好让我每一次回到那里都有清晰的记忆可以追寻。

前不久有个导演跟我说他很喜欢重庆，列举了三条理由：第一，重庆这个城市特别有立体感，山城嘛，依山而筑，正所谓“名城危踞层岩上，鹰瞵鹗视雄三巴”；第二，重庆方言特别有感染力，火暴中透着幽默感，幽默感里透着智慧；第三，重庆的美食。

我赞同他的话。重庆这座城市的立体感是天赐的，在中国城市“千城一面”的今天，重庆无论怎样都不会变得像其他城市一样。在其他大多数城市想买一套能看江景、看山景的房子，恐怕都会比买一套普通房子要贵许多，但在重庆，你想买套看不见江或看不见山的房子，还真不容易。在重庆，哪怕是普通百姓的房子，推开窗，看到的不是江，就是山。嘉陵江和长江的交汇处，就这样被重庆揽在怀中。因为重庆的路多为盘山而建，所以这里基本上看不到自行车。在我童年的记忆中，自行车是一种高级的娱乐工具，而非交通工具。

说到重庆，我印象最深的是终日阴霾，不见阳光。尤其是冬天，整个一“雾都茫茫”。而在浓雾之中，又满是层层叠叠、密密麻麻的吊脚儿，一个摞着一个，从朝天门码头一直往上摞到山顶，远远望去，整座城市仿佛就是由吊脚楼组成的。《雾都茫茫》、《一双绣花鞋》、《重庆谈判》这类以国共和谈或以解放战争时期的重庆为背景的影视剧里，都能看到这样的吊脚楼。直到二十世纪八十年代初期，在重庆拍时代背景为三四十年代的电视剧或电影，选景都并不困难，一九四九年前重庆什么样，八十年代的时候还是什么样。很多年后，每当我看到这样的影视剧，不管拍得多烂，我都会多看几眼。

小时候我经常去朝天门码头，黄黄的江水浩浩荡荡地流过码头，斑驳的台阶没在江水里，人站在下边往上看，一层层的，看不到头。前年我回重庆，在朋友的陪同下又去了一趟朝天门，朋友骄傲地对我说，重庆会被打造成“小香港”。我去过之后却很后悔，因为，那里已经完全没有我童年的记忆了。

在重庆生活的十二年，积累了我人生最初也是最真的情谊，直到现在，不曾淡忘。如果我的性格中还有善良的成分，我相信一定是重庆这座城市给我的。后来到了南京，原来的亲戚朋友都不在那儿了，没过几年又遭遇家庭变故，那时的阴影让我对儿时在重庆的时光更加怀念。也许正是因为这样，现在我每次回重庆，看到小时候的朋友都觉得跟亲人一样。

童年，两道杠。摄于一九七八年重庆储奇门照相馆。

我和哥哥。

在重庆,街坊邻居真的就跟亲戚一样。我举家搬迁离开重庆的时候，很多老邻居一家老小都到码头来送别，直到今天想起这一幕,都让我热泪盈眶。不光如此，长大之后每次我回重庆，离开的时候总还有过去的小伙伴送我。

二〇一一年春天回重庆，帮我张罗吃饭的是小时候和我一块长大的重庆日报社的唐彤东。他问我都要叫谁，我说把小时候在一块儿玩儿的朋友都叫上吧，有很多人真的想不起来了，毕竟快三十年了。后来男男女女一口气儿来了有两桌。见面之后，他们挨个儿帮我恢复记忆，这个问“你不记得我了”，那个说“我是谁谁谁”。这么介绍了一轮过后，我突然想起在小学二年级的时候，有一个比我大几岁的男孩儿，闹着玩儿的时候把我脑袋打出了血，害得我第二天就发烧了。我记得他叫杜波。我顺口讲了这件事，众人皆笑，桌上的人就告诉我，杜波调到北京工作了。巧的是，当时杜波的妹妹在桌上。不一会儿，杜波就从北京打电话来了，他在电话里大笑：“这点儿破事儿你还记得啊？我以为你都忘了。”

替我张罗这顿火锅的东哥在报社广告部工作，所以晚报、晨报的记者加摄影来了一堆人。一个年轻记者说，提点儿问题拍点儿照吧？东哥在边上嚷嚷：“快点儿问，快点儿问，我们吃饭呢。”那个记者很配合地说：“好好好，我抓紧。”之后摄影记者在一旁一个劲儿拍，东哥又说：“你们有完没完，差不多就行了！”我有点儿过意不去，就说：“来都来了，又是自家人，让他们问呗。”东哥这才没再催促——其实人都是他叫来的，还一个劲儿催人家“差不多就行了”。

这些都是我小时候的伙伴们，可爱、真挚、重情义，跟他们的感情，也是我在重庆永远无法割舍的情谊。第二天我在机场翻报纸看到，头天晚上我们这顿饭的内容和照片，重庆的报纸出了一个整版。

不仅重庆的朋友对我好，就连重庆的媒体也透着对我的格外厚爱。七八年前，江苏台还没有《非诚勿扰》栏目的时候，我在《南京零距离》做新闻主播，那个栏目只在江苏播出，所以有关我的报道基本上都只在江苏的媒体上，而江苏之外的媒体好像就只有重庆的报纸了。他们曾经大篇幅介绍过我的事情，之所以如此，很可能是他们认为这人是重庆出去的，感情使然。

去年我妈到重庆陪我外婆住了一段时间，那是《非诚勿扰》栏目刚火起来的时候，不知道哪个记者打听到我外婆是重庆日报社的老员工，还住在报社里，于是找到我外婆家。我妈和我外婆俩老太太加在一起一百六十多岁了，被找上门来的记者吓到了。记者问了很多，还逼着老太太把我小时候的照片翻出来。之后还问，孟非小时候住哪儿？我妈告诉他们，住在报社山顶上那栋灰色的筒子楼里。于是记者们又找到那栋旧房子（现在住着民工）拍了一通。

第二天重庆的报纸刊登了这篇报道，我住过的那栋灰色筒子楼照片下面配的文字说明是“当今中国最红的主持人住过的地方”。一个很有正义感的朋友看到报道后打电话给我，义愤填膺地说：“他们就不能等你死了之后再这么写吗？”我诚惶诚恐地解释：家乡人、家乡人嘛！

二、童年

多年之后回想我的童年，只有在重庆的十二年是最无邪又无忧的日子。

❶ 大人们在聊些什么

我的童年正赶上“文革”尾声，当时大人们的所作所为，给我留下了神秘的印象。有这样一幕场景经常出现，至今我仍印象深刻。

那时我父母的几个同学和同事经常在黄阿姨家聚会。我和我哥，还有黄阿姨家的两个孩子，被他们放在蚊帐里，看他们在昏黄的灯光下谈啊谈啊，也不知道在谈什么，一谈就到深夜。我们对此十分好奇，但是再怎么努力也听不清，更听不懂，也听不了那么晚，总是在蚊帐里躺成一排迷迷糊糊就睡着了。等我睡了一觉起来撒尿，总是看见昏暗的灯光下，他们抽烟抽得整个屋子迷雾缭绕，捧着杯茶，还在灯下不断地说着什么。

那是一九七六年，“文革”末期，那批知识分子，为动荡的国家那充满变数的未来而忧心忡忡。他们什么也做不了，只能一晚一晚地聚在一起，相互取暖。那个时代的知识分子大多有着这样的经历，也算“位卑未敢忘忧国”吧。

虽然是孩子，但是那个年代我们也并非完全是看客。一九七六年，周恩来、毛泽东相继去世，我们这帮孩子参加了悼念活动。就是在我那时生活的重庆人民广播电台大院里,所有人都哭得死去活来，亲爹死了都没那么哭过。我妈和她那些同事眼睛都哭得肿成了桃子。我们小孩儿不明白是怎么回事儿，但看见大人们都哭了，心里也感到害怕。虽然知道是墙上挂着的相片里的毛主席、周总理死了，但还是不明白为什么大人们一个个都哭成那样，也不敢问。

我们被组织去叠小白花，追悼会上要用的，而且要用很多。我们就拼命地叠啊叠啊。我清楚地记得，追悼会上哀乐一起，旁边所有默哀的大人先是眼泪吧嗒吧嗒往下掉，然后几百人一起放声痛哭，把我们这些小孩儿全都吓到了，后来我们也哭了起来，是真哭——是被大人们的哭声吓的。当时在孩子里头我还算年龄大点儿的，现在回想起来，自己当时的表现还是比较淡定的。

那个年代有着太多的狂热，而这些狂热结束的那一幕，却意外地牢牢刻在了我童年的记忆里。那天放学后，孩子们都和往常一样回家了，可很快又都回到院子里，因为大人都不在家，而且不知去向。

我们没心没肺地继续在院子里玩儿，院子很大，山上山下的，一直玩到天快黑了，肚子都饿了，也没有谁家的大人回来。我们急了，到处打听，最后在传达室那里听说所有的人都在大礼堂里开会。

我们一群孩子马上奔到大礼堂，发现门口有解放军站岗，不让我们进。没办法，我们就坐在门口等啊等啊，等了很久很久，大人们终于陆续出来了。奇怪的是，那天见到的所有人，不分男女，不分年纪，不分级别，都红光满面、满口酒气，嗓门儿特别大。他们相互握手、拥抱，显得兴奋无比——他们中竟然没有一个人想起自己家里的孩子没人管，还没吃饭。

后来我才知道，那天下午传来了粉碎“四人帮”的消息。所有单位在传达这个消息后都大摆“团结宴”。所有中国人在那天可能都喝酒了，而且很可能都喝醉了。因为那天意味着，十年“文革”结束了。

❷ 江边的小学校

一九七七年，我上小学了——重庆解放西路第二十五小学。学校一面临街，和重庆日报社隔街相望，另一面是“滚滚长江东逝水”。学校不大，没有一间教室的窗户玻璃是完整的，它们早在武斗的时候就被打得千疮百孔、满目疮痍。到了冬天，风透过碎玻璃嗖嗖地往教室里刮，江边有多冷，教室里就有多冷。

“文革”刚结束那时，老师打学生是天经地义的。我在班上很调皮，所以老师经常教训我，把我的手打得肿起老高，连筷子都拿不住。有一次，我都忘了是出于什么原因，数学老师拿着尺子追着我打，我就围着教室狂跑，全班同学都笑疯了，站在桌上拍着巴掌呐喊加油。这幕情景，后来我在讲述这个时期的工读学校的电影里看到过。更过分的是，那时候在学校干了坏事儿，除了挨打还得挨饿。

那所小学校也是老式的筒子楼，一楼是部分老师的宿舍和仓库，楼上是教室。我一旦上课犯了错误，干了坏事，就会被老师留下来，一留留到中午。老师回宿舍吃饭了，还不忘把我带到他们家去接着罚站。我记得有一次，老师一家人吃着香喷喷的饭菜，我就靠着门在边上站着，饿得几近昏厥，脑子里幻想了无数遍冲上去掀翻这一桌饭菜或者吃光这一桌饭菜的情形。筒子楼里常年黑咕隆咚，大中午都见不着一点儿阳光，在昏暗的光线下，我饥肠辘辘地看着老师一家人吃饭的这一幕，现在想想我都可怜自己。更惨的是，等外婆找到学校来，我手肿着，人饿着，回了家接着又得挨一顿打。

那时候因为调皮我没少挨打，但因为成绩还不错——我整个学生时代也就小学成绩混得还不错，也没少得到奖赏。当时，学校发的奖品一般是两支带彩色橡皮头的铅笔，那就算高级的了，普通铅笔只要三四分钱一支，带橡皮头的好像是八分钱。

那个年代，学校教室的墙上挂着毛主席和华主席的画像，被喊到名字的同学上台领奖的时候得先给毛主席、华主席鞠个躬，再给老师鞠个躬，之后才能领着奖品下去。这个风光的过程，我经历过不止一次。没过多久，再上去领奖的时候，华主席的画像没有了。又过了两年，也不用给毛主席鞠躬了。

当然，成绩不错并不能掩盖我太过调皮的光芒，老师们也因此很不看好我，只有我的第一个班主任董老师对我很好。她是一个胖胖的老太太，特别喜欢我，那时候她就跟别的老师说，孟非这小孩儿将来准会有出息。现在看起来，老太太还是相当有眼光的。可惜她老人家已经去世了。我曾经暗暗在心里想，我要是当了皇上，一定追封她老人家为国师。

二十五小的学习生活到我上四年级时结束了，我家举家搬到了南京。从那时起，我的童年逐渐变得灰暗。就从我那一届开始，小学实行六年制。我哥比我早一年上学，他五年级就毕业了，到我这儿就变成要上六年了。

③ 看星星斗蛐蛐夹竹桃做伴

小时候，我常去江边玩儿，捡鹅卵石往水里打水漂。也经常在山坡上想着法子把野草打个结，小朋友各拿一头，看谁能拽得过谁。等到漫山遍野的夹竹桃开花了，我们就满山跑。夹竹桃属于灌木，川渝一带特别多，不开花的时候很难看，一开花就是大朵大朵的，粉红色、大红色，一开一片山，到处可见其绚烂。直到现在，我看到夹竹桃开花仍然觉得特别亲切。

和现在的孩子比起来，我的童年还算是很有些意境的。我一直觉得现在的孩子，尤其是城里的孩子，他们的童年很无趣。因为他们的生活里没有一片敞亮的天空可以让他们仰望蓝天白云，也没有空闲的时间可以让他们望着满天星斗发呆。没有蛐蛐儿的叫声，也没有野花的摇曳，没有白天突然从树上掉下来的毛毛虫，也没有夜晚在草丛中飞舞的萤火虫，他们甚至从来没有感受过听见小巷深处传来叫卖声的兴奋。现在的孩子已经远离了大自然的环境，他们的生活里，只有奥特曼、变形金刚、超人、蝙蝠侠和蓝精灵这些已经不具备中国传统意义上的审美价值的东西了。

不过，小时候的我是盼着城市快快变化起来的。隔江而望，对面有个水泥厂，厂里的两个烟囱成天冒着浓浓的白烟。这在今天看来是面目可憎的东西，但是在我小时候，我由衷地觉得那是发达、繁华的象征——大工厂、大烟囱，只有城里才有，农村没有。

三、我的外婆

在重庆的童年岁月我完全生活在母系氏族里。爷爷奶奶在南京，爸爸在西安电视台工作，我和外公、外婆、妈妈一起生活。外公不常看到，他早先在西南局（中共中央西南局）的一个高干招待所工作，后来到一所离家很远的外国语学校工作了，一周回家一次。外婆在重庆日报社上班。到我上小学的时候，妈妈从重庆人民广播电台调到西安电视台和爸爸团聚去了，我就被彻底丢给了外公外婆。

❶ 好强漂亮的外婆

外婆是苦出身的家庭妇女，只有初小文化。新中国刚成立的时候搞妇女解放运动，街道的妇女主任说妇女现在都要工作，不能当家庭妇女，于是外婆就响应号召去工作了。当时的新华日报社就在外婆住的那条街上，于是外婆就去了当时的新华日报社。后来新华日报社迁到南京，重庆原来的报社成了重庆日报社，外婆就在那里，一直干到了退休，现在是重庆日报社还健在的员工中资历最老的。

外婆和外公的文化程度都不高，忠厚老实、勤勤恳恳地生活了一辈子，左邻右舍的关系都特别好，重庆日报社的老员工都知道他们。直到前些年，重庆日报社分福利房都还有我外婆的指标。早先根据工龄，外婆买了报社的一套二手福利房，我回重庆时看过，有一百零几平方米。外婆让我猜猜这套房子要多少钱，我说："哎哟，您工龄那么长，估计十万八万吧？"外婆无比骄傲地告诉我："一万！"

我得说重庆日报社是个独树一帜神奇的单位，福利和人际关系温暖得让人简直不敢相信这是在改革开放以后还能存在的事情。比如"顶职"，爸爸退休了，儿子进报社，有的儿子、儿媳都进去了，一家人好几口子都在报社工作的比比皆是。我有很多小学同学，他们的爸爸妈妈、爷爷奶奶、外公外婆都是重庆日报社的。用我妈的话说，重庆日报社有点儿氏族公社的意思。

早些年国企都是这样，这种社会主义的温暖在二十世纪八十年代前也还算正常。上次回重庆见到那些从小一起玩儿的小伙伴，他们现在都已是中年，很多已经是报社的中层领导干部了。其中有一个姓白的哥们儿，现在是报社车队的副队长，他在酒桌上喝得有点儿高了，拉着我的手深情地说："没得啥子说的，下回儿你再回来，我派凯斯鲍尔去接你！"我震惊了："我回来就一个人，用不着大客车吧？"他又喝下一杯之后拍着我的肩膀说："哎呀，车子大点儿，里头空气好点儿嘛！"瞧瞧，什么是感情！

重庆日报社的福利特别好，什么东西都发，包括房子。报社有点儿钱就盖房子，福利房制度延续了很多年。分福利房是要论资排辈的，外婆的工龄比总编的都长很多，虽然没有行政职务、没有党龄，但工龄的硬杠杠比人长出一大截，没几个领导能比。外婆在前两年才彻底来南京定居，之前是断断续续地来，因为她离不开重庆日报社那个温暖的环境。在报社所有人都认识她，因为曾经在幼儿园工作的缘故，都八十多岁的人了，整个报社的人还是都叫她“姚阿姨”。

外婆年轻的时候非常漂亮，跟小时候看的《大众电影》封面上二十世纪四十年代的女明星差不多。外婆生我妈的时候只有十六岁，所以外婆带我的时候也很年轻，才四十多岁，看上去就跟我妈似的，学校里的很多老师都不相信那是我外婆。外婆管我很严，我妈都没怎么打过我，尽是我外婆打了——老人特别看重学习成绩，经常为我没有考第一名或者没有考满分把我打得鬼哭狼嚎。那时家里的任何重大决定都是外婆说了算，外公从不发言，工资是一分钱不剩全给我外婆。外婆特别擅长操持家务，里里外外都是她一个人打理。

重庆女人很少有不会做菜的，就是在特别会做菜的重庆女人中，外婆的手艺都是远近闻名的。现在外婆都快九十岁了，我妈烧菜的时候外婆还会在边上看着，用重庆话拉长了声调指挥：“先弄那个，然后放这个……”

外婆不仅菜做得好，我和我哥的衣服也都是她买布回来，自己裁、自己做的，连当时刚刚出现的夹克都是自己做，做出来的跟商店里卖的一模一样。那个年代，老人特别怕孩子穿得不好出去被人看不起，在外公外婆的意识里穷人家的尊严感特别强，所以每年大年初一，外婆必定会让我们哥儿俩穿上新衣服出门。

那时候买布是要布票的，为了我和我哥过年的两套新衣服，外婆每年都从八九月份就开始攒布票，不够的话就想其他办法。外婆家很多邻居是光棍，用不着布票，外婆就用家里的烟票、酒票跟他们换布票。就这样一直攒到年底，外婆买来布料，在昏暗的灯下拿划粉画线裁料，然后上缝纫机缝，赶在年三十晚上一定把衣服做好。大年初一我们哥儿俩出门，一定是从上到下一身新，每年的新衣服邻居们都夸好看。

外婆有着劳动人民传统的热情好客。我妈的很多同学都在重庆，当初他们大学刚毕业，很多人还没结婚，一帮同学一到星期天就上我外婆家蹭饭。到现在，我妈那些都七十多岁了的同学看见我还跟我说："孟非啊，你外婆做的菜太好吃了。"我妈的这些同学周末来外婆家蹭饭，一直持续了很多年，直到他们陆续结婚。

外婆家平常就她和外公两个人，非常省吃俭用。外公在高干招待所上班，经常不在家住，所以他的粮票、油票、副食票就都省下来了，这样每次我妈的同学们来，才有一大桌好吃好喝的。

❷ 老实巴交的外公

我外公是一个善良且寡言少语的人，我现在都记不清他曾经跟我说过的话。可这么善良老实的一个人却偏偏长了特别凶的一张脸，还有一副大嗓门儿。因为文化程度低，表达有障碍，容易着急，一张嘴就是一嗓子，很吓人，院子里的小孩儿大多都怕他。

外公是常州武进人，本来是做金银首饰的工匠，抗战爆发后，老百姓往内地撤，在逃难的路上外公认识了外婆，然后就结伴儿逃难到了重庆。当年漂亮的外婆之所以嫁给外公，也是因为穷，当年我外婆姐妹两个，妹妹被抱到了别人家养。

一个外地人来到重庆，那时候也没地方让外公继续靠做首饰的手艺谋生了，老实巴交的外公就在一个饭店当服务员，后来西南局进驻重庆办公，外公又在西南局的高干招待所当服务员。其实当时外公有个远房亲戚混得不错，开了个比较大的饭馆，就在解放碑，但是外公没有去投奔他，而是靠自己赚钱养家糊口。经常听外婆回忆说，外公在西南局的招待所经常可以见到贺龙、陈毅、邓小平这些大人物，据说，外公还和周恩来的一个侄子有些交往，但当时并不知道他和周恩来的关系。

外婆跟我说，那个年代，想在重庆出人头地、过得比别人好，只有两条路：要么跟政府的人混，要么跟袍哥混。袍哥是重庆特有的江湖文化。当时重庆盛行一种民间帮会组织，叫袍哥会，里头的成员被称作袍哥。当时的重庆人甭管是干什么的，即便是擦皮鞋、饭店跑堂的，只要跟袍哥沾上边儿，就能混出头来。但是外婆总是跟我说："你外公，又不跟政府搞在一起，袍哥也不沾，就是老老实实地一个人拼搏。"

很多人会习惯性地认为，儿时生活在"母系氏族"里的孩子，性格中很可能会出现诸如胆小、软弱等缺陷，但是我自认为好像没有。也有很多人认为，父母离异的孩子的性格会有缺陷。在我十几岁的时候，也就是所谓的青春期吧，父母离婚了。其实我整个少年时代都是在父母冷战的气氛中度过的——他们从我小学四年级时就开始冷战，到我高中毕业才离婚——这么多年的家庭矛盾，确实给我带来了痛苦和阴影，但我自己觉得我的性格似乎也没什么障碍，人格似乎也挺健全的。所以我在《非诚勿扰》节目中，一听有些人动辄说不找单亲家庭的，单亲家庭出来的孩子会怎么样怎么样，我就觉得这种想法很多时候都是人云亦云的想当然的结果。

❸ 打电影胶片机的老爸

我父母是北京广播学院的同学，一九五九级的。那时候北广刚建校，他们算是新中国广播电视界的“黄埔一期”。一九六三年毕业后，他们分居两地，父亲被分配到西安，母亲被分配到重庆。

父亲被分到西安后参与了创建西安电视台，也就是现在的陕西电视台的前身，据说当时参与建台的总共只有二十八个半（有个播音员是向电台借用的）。母亲被分到了重庆人民广播电台，小时候，我就住在电台的宿舍区里，到了周末就去重庆日报社家属区看外公外婆。

外婆年轻时很漂亮，我妈也继承了她的长相，听说当年我妈还是北广的校花。一开始我以为只是别人随口的奉承话，后来碰到很多我父母的同学，那帮老头老太太都这么说，我就相信了。当年在北广，我爸妈恋爱的消息传出后，其他同学都感到很意外。据说当初追我妈的人挺多，其中有条件相当不错的，但她最终和家庭出身不好但学习成绩不错的我爸走到了一起。在当时，他们是典型的两个不同阶级的年轻人的结合，留给了周围人太多的不解。现在想起来，我觉得在那个年代，他们对爱情有着比较纯粹的追求，我妈又属于当时的“文艺青年”，胸怀“进步思想”，所以和我爸走到了一起。听说，他们那个班里最后结婚了的有好几对儿。

当初他们走到一起是有很大阻力的，来自两个家庭的阻力，按当时的话说叫“来自两个阶级”。

我爷爷是小资本家，在那个年代，家庭成分不好，但是我父亲成绩不错，做人也低调，加上那时“文革”还没开始，所以考上了大学。父亲家的亲戚们对过去还是挺在乎的，我到爷爷奶奶那里去的时候，叔叔姑妈们偶尔讲起过去，多多少少流露出了对没落大家族的怀念——以前还不敢多怀念，改革开放之后就越发怀念了。虽然爷爷家也不是多大的豪门旺族，但是在叔叔姑妈们的感情世界里，却饱含了对昔日辉煌的留恋，并很愿意把它放大——因为改革开放之后他们没有一个混得特别好的，基本上都在工厂里。

而我外公外婆是穷苦出身，他们打心眼里感谢共产党，感谢毛主席。所以，家里谁要是敢在他们面前议论时政、说一点儿“非主旋律”的话，外婆立马就翻脸。我年少轻狂时不知道因为这个被外婆骂过多少次。

于是，一边是旧社会的小资产阶级，一边是旧社会的底层劳苦大众，当我父母要结婚的消息传到两个家庭时，可想而知会遭到怎样的反对。反对得比较激烈的是我外婆，这也为我父母的婚姻埋下了隐患。

我父母一个被分到了西安，一个被分到了重庆。那个年代有很多夫妻都有过类似这样的大学毕业后分居两地的经历。那时想调动工作，尤其是跨省调动，非常困难。他们经过几年的不懈努力，先是在西安团聚，最后才一起调回到南京，因为我爷爷奶奶都在南京——虽然折腾了两次，但最后能到一起，很不容易了。

到南京之前，我并没有跟我爸在一起生活过。他一直在西安，也就是每年到重庆来探亲一次。在童年的很长时间里，我对父亲的印象都很模糊，现在回想起来，印象最深的是他像播音员一样好听的普通话和他用的照相机——都是禄来、哈苏之类现在仍然价格昂贵的德国高级相机。

我爸是摄影记者，我们家有很多照片，都是当年他当新闻记者时拍的，那是我们家非常宝贵的一笔财富。那时候还没有摄像机，都是电影胶片机，新闻记者都用这种机子，现在电视台里拍胶片机出身的摄像几乎没有了。

当年我父亲扛着电影胶片机几乎跑遍了陕西所有的县，也拍摄过很多中央领导到陕西视察的新闻。我印象最深的是周恩来总理陪同越南领导人黎笋和范文同到陕西参观访问，我父亲在旁边拍摄，他的同事把他也拍进了照片里。小时候在家里，每次我看到这些珍贵的文献式的照片都觉得父亲很伟大。那些泛黄的老照片当年都保存在家里的很多电影胶片盒里，那些铁质的大盒子后来主要用来放我的饼干之类的零食。遗憾的是，几次搬家加上后来父母离婚，其中一部分相片再也找不着了，非常可惜。

父亲给我和我哥拍过很多非常生动的照片，现在看来都是很有技术含量的。现在的单反相机都是自动对焦、自动测光，虽然也可以手动，但是相机完成了百分之八十以上的工作。当时父亲用的是双反相机，取景一个镜头，成像一个镜头，取景还是竖式的，用好这种相机拍出好照片是相当需要技术的。当时我爸拍了很多我和我哥打闹玩耍的照片，手动曝光，手动快门，还要抓情绪，考虑构图，还不能浪费胶片，拍完之后，还要自己在暗房冲洗。小时候看这些照片不觉得有什么了不起，现在自己玩相机了，再看那些照片就知道厉害了。老爸现在退休多年了，我哥要送台相机给他，让他没事儿拍着玩儿，结果他却说不拍了，问他为什么，他说，现在这些日本相机他不会用。

④ 第一次去西安

我父母在西安团聚后，我去过西安两次，都是去过暑假。我还记得在一九七八年我第一次去西安的情形。

放假以后，外婆买了火车票，把我送到菜园坝火车站，找了个列车员熟人把我送上火车——以他们的社会关系，最多也只能够上列车员了。说是让列车员关照我，但人家忙着呢，哪顾得上我。那个列车员阿姨就只是把我弄到列车员休息室，让我在里头坐着。我也听话，挎着一个小包就傻乎乎地坐着，看见她开始扫地了，我还过去帮忙。列车员阿姨连忙说："别动别动，好好坐着，别乱跑！"我就又乖乖地坐下了。

那时从重庆到西安要坐两天火车，出门前外婆一再叮嘱："中途在哪儿停站都别下，等所有人都下的时候你再下，那是终点站。记住，等一车的人都走的时候你再跟着走。"我懵懵懂懂地点头说好。

其实那会儿我已经明白了，尤其是一路听见广播里报站，等到听见"西安站到了"，我也就毫不迟疑地跟着下车了。但是西安站那么大，对于一个八岁的小孩儿来说，那个世界瞬间变得不知道有多大，有那么多火车来来往往，有那么多人进进出出。我就记着外婆叮嘱的——跟着大人走。于是，我就跟着我们那一列车上的我认得的人走。出去以后是哪儿，我不知道，但我知道，爸妈和哥哥会来接我。

当时也就到大人屁股那么高的我，在黑咕隆咚的夜里，也不知道害怕，谁也不认识，就那么懵懵懂懂地出站了，来到一个陌生的世界里。出站没走多远就听到了我哥叫我的声音。

暑假过完，我又按照之前来的程序，坐上回重庆的火车。想想现在的父母，之所以不敢让孩子这样出门，恐怕也是因为现在的社会治安没有当时那么好了。

西安是著名的旅游城市，大雁塔、华清池、兵马俑这些著名景点我都去过，但没什么印象了，只对一顿饭印象特别深。

我第一次去西安，一家人难得聚在一起，父母特别高兴，带我们下馆子。那是一个国营大馆子，叫“五一饭庄”，当时是西安最高级的大饭店之一。下馆子对当时的我来说是非常新鲜和高级的体验，因为在重庆，节俭的外婆认为下馆子是有钱人和不会过日子的人干的事儿。她什么都是买回家自己弄，把家里的伙食操办得很好，所以我在重庆就没有下过馆子。

那天在五一饭庄我和我哥一人点了一碗面，是有浇头的那种，还有两屉小笼包子。那是我第一次吃小笼包子，一口下去我就震惊了，完全没想到世界上还有那么好吃的东西。回重庆之后，我对小笼包子的幸福回忆持续了将近一年。童年的我心里暗暗地想，我要是当了皇上，天天让御膳房做小笼包子给我吃！直到今天，熟悉我的朋友、同事都知道小笼包子仍然是我最爱的食物之一。

几个月前，在化妆间我偶然跟黄菡讲起这段经历，没想到她也在西安待过，家里人也带她在五一饭庄吃过饭，甚至也特别说到了那里的小笼包。更想不到的是，她在西安待的那段时间也是一九七八年。黄菡比我大四岁，当时她在西安上学，住在亲戚家。听了她的话我就想：一九七八年，一个八岁的男孩儿，一个十二岁的女孩儿，互相不认识，可能在同一天，在同一家饭庄，吃着同样的东西。三十多年后，当年的两个小孩儿已是中年人，成了朋友，又同时出现在了今天的《非诚勿扰》上，这是件多么神奇的事儿啊。

❺ 不是亲人胜似亲人

我在重庆的亲戚都是最普通的劳动人民，文化程度都不高，但都同样憨厚善良、热情好客。他们中我印象最深的是姨婆一家，我童年欢乐的记忆有很多都出自她家。长大以后我才知道，这个姨婆不是外婆的亲妹妹,她们是在抗战期间逃难的路上认识并结为姐妹的，但她们一辈子比亲姐妹都亲。我们两家的关系甚至比有血缘关系的还好。

那是特别可爱而且有意思的一家人——他们家也是“母系氏族”。姨婆在印刷厂工作，是个整天乐呵呵的胖老太太，在我童年的记忆中，她嘴里永远都有说不完的俏皮话，她的语言似乎与生俱来地带有劳动人民草根式的幽默。她的那些话如果写出来一点儿也不好笑，但通过她的嘴，用她特有的方言和腔调说出来，就特别好笑，特别有感染力。我外公外婆的话不多，更缺乏幽默感，相比之下我姨婆是个话痨。逢年过节去他们家，从一进门开始，她就说个不停，一屋子人都被她感染了，笑个不停。

我叫姨婆的儿子“舅舅”，他和我妈一块儿长大的，一辈子都在供电局抄电表。打我记事儿开始就没听这个舅舅讲过几句话，偏偏我舅妈也是个话痨,也没什么文化,跟姨婆还特别能讲到一块儿去。她们是我这辈子见过的关系最好的婆媳。舅舅、舅妈生了一儿一女，分别是我表哥、表妹。表哥话也不多，表妹又是挺能说的人——说他们家是母系氏族真一点儿不夸张，他们家的话都让女人说了。

后来我回重庆也常到舅舅家吃饭。他爱喝酒，也能喝，他喝的酒很便宜，经常是几块钱一桶的散装高粱酒。我和舅舅喝酒的时候，就听舅妈、表妹一直不停地说，问这问那，他们家、我们家的事儿轮流说。舅舅在边上默默地坐着，隔个两分钟就端起杯子冲我说“喝一个”，一斤酒喝到底儿了，他从头到尾基本上只有这么一句话。

不是亲人胜似亲人的，还有我妈在重庆电台最要好的同事黄阿姨。她是电台的资料员，前几年她去世了。我记得当时我妈接到黄阿姨女儿报丧的电话时，我正好在吃饭，看到我妈拿着电话听了没有两分钟突然放声大哭。

我小时候逢年过节有一半时间在姨婆家，另一半就在这个黄阿姨家。我从幼儿园放学回家只要妈妈不在，去的就是黄阿姨家。前面说到的，我妈和同事整夜聊天，基本上都是在黄阿姨家。黄阿姨家也有一儿一女，儿子叫小勇，女儿叫小辉（多么朴素的名字），我们也是从小一块儿长大。后来我妈去西安了，我在重庆，只要放暑假，黄阿姨都到外婆那里把我接到她家住一阵子，每年如此。

黄阿姨话不太多，也做得一手好菜，非常贤惠，在我心目中她就是我姨妈。她老公姓陈，长相酷似朱时茂，也不怎么说话，我一直叫他陈叔叔。陈叔叔是原重庆红岩电视机厂的总工程师，我人生中第一次看电视，就是在他们家。“文革”期间上上下下都在搞运动，陈叔叔却在家里攒零件，省吃俭用，自己组装了一台电视机，九英寸的。在当时电视机是高科技的玩意儿，放电视的时候一个院子里的邻居都聚在一起看，家里坐不下那么多人，就把电视机拿到院子里放，电线得拖得老长。黄阿姨家的院子里还有一棵黄桷树，大人们在院子里站着坐着看电视，我们这些小孩儿就爬到树上看电视。

那个时候电视节目一天就播两个小时，就跟看电影一样。

现在我回重庆去，就看望两家人，一个是舅舅，一个就是黄阿姨的儿女。在我看来，黄阿姨家姐弟两个，就跟我的兄弟姐妹一样，是一家人。他们带给了我童年最为快乐和幸福的回忆。

四、我眼中的重庆

我在重庆生活了十二年，没有生活在那里的人很难真正了解并理解它。这座城市在我看来有着非常特殊的性格，其色彩之鲜明之浓烈，超过其他很多城市，而重庆人的性格也像这座城市一样，格外地鲜明、浓烈。

❶ 重庆特色

重庆火锅全国闻名，但在前些年重庆市市政府曾经发布的“官方城市名片”中，排第一的不是火锅，而是美女，其次才是火锅。一方水土养一方人，把美女排第一的道理我懂，可我不明白的是：为什么重庆的水土只养女人？重庆的女孩儿个子都比较高，皮肤也好——皮肤好倒可以理解，可能是在雾都终日不见阳光，有一种病态的白，打扮得也比较洋气。可为什么重庆男人的个子不高，长得也土气呢？在我看来，这是一件很奇怪的事情。

漂亮的女孩儿如果性格温柔，在男人看来，这就完美了，但重庆的女人大多都不那么温柔，整体性格都很泼辣。我没有一次上街不碰到重庆女孩儿吵架骂人的。而在我的印象中，一群重庆男人在一起的时候，一个比一个牛，一个比一个能说，但只要有他们的女人在，就会变得都特别㞞。重庆女人在外边基本上都会给足男人面子，随便男人怎么表现，都给他们挣面子，但是回家里以后，大多数都是女人做主。从我的家庭，到我所认识的周围的朋友、邻居家，无一不是这样阴盛阳衰。

这仿佛是重庆社会的缩影。

❷ 浓烈的感情

重庆人的情感特别浓烈，容易狂热。流行文化总是一阵一阵的，比如当年的呼啦圈、蝙蝠衫什么的，全国都是流行了一阵子就过，唯独在重庆流行得比其他地方都更狂热、更持久。重庆人干什么事儿，都是一窝蜂一窝蜂地去干，这跟受教育程度没什么关系，他们好像天生就是这样。

重庆人挣钱不多，但特别容易满足，尤其是通过吃饭的方式满足。他们全部的热情、精力和想象力似乎都体现在了饭桌上。每次我到舅舅家或者黄阿姨家里，要不了多久，他们就弄了一大桌好菜。一顿饭吃完，我基本上都是吃到嗓子眼儿了，两口茶刚喝下去，他们又问了：“晚上你想吃点儿什么？”真没办法。

重庆人特别热情，但似乎又太不善于表达热情，需要相当长时间的交往后，才能感受到他们那种发自肺腑的、从骨子里透出来的热情。我的重庆朋友没有几个会说话的，尤其不善于用语言表达他们的感情，只有处的时间长了才能用心感受到。我离开多年之后回重庆见亲戚朋友，一般来说，那么多年没见面了，总会热情拥抱或者寒暄什么的，但是他们没有，看到我的表情跟昨天还见过我一样——我能理解，他们的感情都刻在心里。

③ 自恋的重庆人

重庆人的性格中，我觉得最突出的一点就是自恋。他们有一种不知道来自哪里的莫名其妙的优越感，最典型的体现是美食和方言。

全国各地很多人都喜欢川菜和四川小吃（重庆菜也算在广义的川菜里了）。重庆人因此对他们的美食特别自恋。自恋到什么程度？只要有重庆人调到外地工作或者移居外地，重庆老乡碰到他们都会问：“那地方的菜怎么吃啊？怎么吃得下去啊？吃那些东西你们怎么活得下去啊？”并且你会发现他们在说这番话时发自内心的同情溢于言表。重庆人其实很容易接受新生事物，但他们偏偏很难接受外界的食物。在他们看来，只有吃重庆菜才能生活。我妈离开重庆都那么多年了，现在遇到重庆老乡，还是每次都会被问及上述的问题，而且你永远也不会听到重庆人夸别的地方的什么东西好吃。

这种对饮食的优越感和他们的狂热天性一样，和受教育程度没什么关系，从知识分子、机关干部，到贩夫走卒、引车卖浆之徒全都一个样。重庆日报社、重庆电台，这都是知识分子相对集中的地方，那里的人也都这么认为。因此我也觉得特别奇怪——难道他们没有去过重庆以外的地方吗？没有吃过川菜以外好吃的东西吗？

而说到重庆的方言，重庆人的自恋更是近乎滑稽。我至少听一百个重庆人说过："其实我们重庆话，还是很像普通话的。"每次听到这里，我都忍不住告诉他们："我认为重庆话和普通话的区别，就像广东话和东北话的区别那么大！"而认为重庆话和普通话很像的绝不是个别人的感受，那几乎是重庆人的集体意识。我每次不赞同他们意见的时候，所有重庆人都很吃惊，这也就让我更加吃惊了。在这个问题上，我们都被彼此震惊了。

可能会有人认为我夸大其词，你要不信，可以到重庆去，随便找个人跟他说"我认为重庆话很像普通话"，他们肯定会对你说："对对对，你说得特别对！"

④ 袍哥式义气

重庆人很江湖，特别讲义气，可能多少有些受袍哥文化影响。在很多重庆人的逻辑里是不是朋友是特别重要的标准，相比之下，是非标准反而淡一些。比如，打女人对不对？我们都会认为，怎么能打女人呢，肯定不对啊！可是到了很多重庆人那里，如果是朋友打了女人，他们会说：那也得看那女人该不该打。但如果换作不是朋友，他们会义愤填膺地说：这他妈是啥子男人哦，简直是畜生，男人哪个可以打女人呢？！

说到江湖义气，又让我想起酒。重庆人喝酒不像其他地方，你敬我一杯，我回敬一杯，我再敬你，你再敬我，如此你来我往。重庆人喝酒必划拳，输的喝。开始我很不适应这种风俗，大夏天的，十个八个朋友一桌吃火锅，又烫又辣，想喝点儿啤酒，不行，得划拳，输的才能喝。那一套划拳的酒令跟说相声一样，重庆的男女老少基本上都会。因为我刚学，划拳总是输，只能自己一杯杯地喝。几圈下来，旁边有人喊了："哎呀，这个酒你也不能一个人喝嘛，天这么热，也让我们喝几杯嘛。"

重庆的酒令也很有意思，一套一套的，从一到九，都有说辞，说辞还很幽默，有历史，有现实，当下最流行什么，重庆人都能与时俱进地把它融入酒令里。可惜我就是学不会，也没记住。我只记得这么一段："酒酒酒（九九九），好朋友，万事莫过杯在手，我愿长江化作酒，有朝一日跳到江里头，一个浪子一口酒。"这要用重庆话说出来会很有意思。有兴趣的朋友到重庆去玩儿，可以留意一下他们划拳的酒令，绝对是一种有趣的酒文化。

⑤ 吃不够的小面、凉面

全国人民爱吃川菜，不仅因为它好吃，而且因为它大众。川菜的材料基本上都不算高档，大多是猪身上的东西，贵不到哪儿去。同样的钱请人吃川菜能摆一大桌，而请吃粤菜，可能就只有两道菜。

川菜让人迷恋的原因都在调料里，所以重庆有句话叫"吃的是作料"。重庆最让我魂牵梦萦的不是川菜，也不是火锅，而是路边摊上的小面和凉面。小面其实就是最普通的素面，作料是关键。我小时候的小面是六分钱一两，我一般吃二两就够了。那种味道对我来说，至今想起都是幸福的味道。

前几年回重庆，我出去逛街或者上亲戚家串门儿，回外婆家的路上是一路走着一路吃着路边的凉面回去。重庆路边摊上的凉面都是用小碗装，面很少，基本上就两筷子的，但调料放了十几样，一碗面两口就吃完了，辣得心脏都疼。我接着往前走，买一瓶冰饮料，咕嘟咕嘟喝下去。大约过十分钟心脏不疼了，嘴唇和舌头也恢复知觉了，又看到一家卖面的，再来一碗，又是两口吃下去，又辣得不行，接着再来一瓶饮料。就这样，一路走到家也吃饱了。

上次回重庆我特别想吃小面，一大清早在去机场的路上，我不停地念叨着，热情的司机为了满足我的愿望竟然带我到了机场附近的一个小镇上，找到了一家小面馆。我高兴坏了，热热乎乎的一碗小面吃下去，幸福感就在心里和胃里荡漾了一整天。

关于小面，我百思不得其解的是，就算把所有的作料都原样给你，到南京就弄不出那个味道。我妈曾经多次尝试，都以失败告终。所以现在每次有机会回重庆参加活动，主办方问我有没有什么其他要求，我的回答全都是：有，小面！

南京也有很多种面，但那基本就是酱油面，加块大排叫大排面，加块小排叫小排面，加大肠叫大肠面，说起来有几十种，其实面都是一个味道。而重庆的面虽然就三四种，但不同的作料却调出了截然不同的口味。相比之下，南京的面条实在没有什么技术含量。

回顾：芙蓉洞

重庆市武隆县的芙蓉洞也被列入了世界自然遗产，是中国最美的六大洞穴之一。二〇一〇年，我在武隆县旅游局黄局长的陪同下游览了芙蓉洞，用随身带的小机器拍了几张洞内的美景。

这是重庆市武隆县芙蓉洞的镇洞之宝“珊瑚瑶池”，比法国的克拉姆斯洞的珊瑚瑶池面积还要大，是世界上面积最大的一处水塘沉积景观。

这是芙蓉洞里最壮观的石钟乳，洁白如玉。

回顾：天坑、地缝

让重庆市武隆县这个名不见经传的小县城声名远播的一是其天坑群被列入世界自然遗产，二是张艺谋的电影《满城尽带黄金甲》取景于此。

天坑景区最著名的景点“天生三桥”。

张艺谋的电影《满城尽带黄金甲》的拍摄地。

《满城尽带黄金甲》里的这个场景耗资两百多万，里面每天循环放映着“黑衣人追杀太医一家”的那一场戏。

第二部分 南京，南京

如果说，在重庆的童年我的生活是明快的色调，那么，从十二岁全家搬到南京开始，灰色就逐渐笼罩了我的生活。这样的基调后来贯穿了我的整个中学时代。

五、小资本家爷爷

我爷爷很像电影《林家铺子》里的那个掌柜。爷爷是扬州邗江人，十几岁时一个人挑着担子进城当学徒，慢慢积累了本钱，后来开始自己做买卖。再后来，生意做大了，他和两个朋友合伙开了个钱庄。在那个时候能开钱庄应该算比较发达了。听我的叔叔伯伯们回忆，大概在一九四九年，爷爷还上过国民党的金融年鉴。当然，我有些怀疑那种年鉴跟现在一样，是给点儿钱就能上的那种。但不管怎么说，我爷爷都应该算小资本家了。

❶ 无法兑现的金条

一九四九年四月，解放军的炮声近了。爷爷和他那两个朋友一直在纠结要不要去台湾。如今的我无论如何也弄不到二〇一二的船票，而当时我爷爷如果变卖家产，是能让一家人去台湾的。但不知道具体是什么原因，爷爷权衡再三，终于横下一条心——不走了！今天我估计，老爷子当年最主要的判断恐怕是，自己又不是什么大资本家，要镇压资本家也还轮不到他这样的小资本家头上。最后爷爷把家产全变卖了，留了下来。

高中时期青涩的我。

爷爷的两个朋友也抱着同样的心态留了下来，都变卖了各自的家产，最后三家人凑了一百根金条——那时候的法币跟草纸没什么两样，只有金条是硬通货。他们把这一百根金条存进了当时的国民党中央银行，票据上写了我爷爷和他两个朋友的名字，三人各执一份。

等到新中国成立后没多久，他们就发现这件事儿说起来变得很可怕了——虽然他们没去台湾，但在那个年代，家里存着国民党银行的金条存单也是天大的罪过。三家人冒着杀头的风险，想尽各种办法保存着各自的银行存单，一直保存到了“文革”之前。但当红卫兵开始大规模地抄家后，他们也就不敢留着那张存单——如果被抄家抄出来，真不敢往下想。万般无奈之下，我爷爷把金条的存单悄悄烧了，和另外两家人也失去了联系，爷爷也在二十世纪八十年代去世了。

到了八十年代末，我的叔叔、姑妈们所在的国营工厂倒闭的倒闭，停薪的停薪，这时候他们就回想起了爷爷在世时说过的金条。

他们算计着，要是能找回那一百根金条，三家人平分，怎么也得有三十根吧。三十根金条再加上存了三十多年的利息，那可就发了！

在黄金梦的强烈驱使下，我叔叔真联系上了爷爷两个朋友的家人。我爷爷的朋友也都过世了，他们的后人也都知道有金条的事儿，但悲摧的是，“文革”抄家时，那两位老人也和我爷爷一样，没敢留着那张可能导致家破人亡的银行存单，不约而同地都把它给烧了！烧的时候三家人的想法还都一样——我烧了不要紧，另外两人会留着的，有朝一日去银行，上面不是还有我的名字嘛。就这样，悲剧了。

最后，我最小的也是混得最不济的叔叔，抱着渺茫的希望，辗转给台湾那边的银行写信，查询那一百根金条的下落。当时两岸还没“三通”，民间书信往来都要通过中国香港红十字会中转。几经辗转，台湾那边居然回函了。根据我叔叔提供的姓名、年份等信息，银行确认了这笔金条的存在，只要能提供当年的凭据便可兑现。据说，三家人听到这个消息真是欲哭无泪，因为谁家也拿不出凭证。当事人全都过世了，存单又都没有了，红口白牙地说故事银行总不能相信吧，最后只能作罢并且顽强地相信“咱家祖上阔过”。

很多年过去了，一想起这事儿，我的那些叔叔姑妈还心如刀绞，总是祥林嫂般地念叨：怎么就都烧了呢？！

❷ 在澡堂里过一辈子

爷爷奶奶在我十几岁的时候都去世了。爷爷给我的印象是个文化不高，却非常儒雅，说话轻声细语，慢条斯理，对任何人都客客气气的老人。

爷爷奶奶住在南京健康路旧王府的四合院里，房子很老，是太平天国时候留下的，放到现在要算文物了，只是最后像中国所有城市里的老建筑一样，在拆迁大潮中被夷为平地了。那条街，也是南京城南的一条老巷，巷子里都是住了一辈子的老街坊，很像北京的老胡同。

自一九四九年以后，中国人的称谓要么是“同志”、“师傅”，要么是“大叔”、“阿姨”之类，到了改革开放之后才重新出现了“小姐”、“先生”这样的称呼。刚到南京的时候我特别诧异的是，巷子里的左邻右舍见到我爷爷都喊“徐先生”。不光是对我爷爷，爷爷家的四合院里还住着一个老头儿，人很瘦，背有点儿驼，一天到晚咳嗽，别人也称他“王先生”。小时候我觉得这很奇怪，印象中只有在老电影里才会听到有人称呼别人为“先生”。

我爷爷人生最大的乐趣，也是最重要的一件事，应该就是洗澡。他曾经跟我说过什么话，我已经不记得了——他和外公一样少言寡语，只是性格温和得多，但我记得每次他带我去澡堂洗澡的情形。爷爷总是在前头背着手走，穿着面料很考究的长衫，皮鞋锃亮，很清爽很精神，碰到所有的街坊都微笑着点头打招呼。进了澡堂以后，爷爷的皮鞋有专门的人帮他擦，还不收钱。现在的桑拿中心有人给擦皮鞋并不奇怪，但那时候是计划经济，澡堂都是国营的，根本没这种服务，给我爷爷提供那些服务的，全都是他的老熟人。

爷爷第一次带我去洗澡时对我说：“你爸像你这么大的时候，我也带他来这儿洗澡。”在我爸上学那会儿，通常爷爷会先去澡堂泡澡，然后上来休息，点些小吃，喝口茶，然后吩咐伙计去学校接我爸放学，直接接到澡堂来。

爷爷去的老澡堂，离巷口大概两百米，估计有一百年历史了，叫健康池，老南京人都知道。澡堂里的澡客和服务员都是跟爷爷岁数差不多的老朋友，他们从年轻时就认识，一辈子都生活在那条街上。我爷爷、我爸爸和我都曾经在这家澡堂洗过澡。

我到现在还清楚地记得在健康池洗澡的价格。当时最牛逼、最高档的叫中华厅，三毛五一位。这种档次体现在，洗完澡上来休息的地方有沙发床给你躺着，沙发床上还有床单，背后有个柜子，衣服是有衣架挂着的。相比其他的休息厅，这里的面积大，也干净。次一等的叫人民厅，两毛钱一位。这个档次的就没有柜子可以挂衣服了，只是在沙发床的床头上有个带布帘的洞，可以掀开布帘把衣服塞进去。最低档次的是大众厅，一毛二一位。衣服都不知道该塞在哪儿，地方狭小，大家挤在一块儿，洗完后大概也就有个地方坐坐，然后赶紧穿好衣服走人。

所有人洗澡都在一个池子里泡着，档次的区别只在于休息厅的环境。那个最高级的中华厅现在看来也就是民工洗澡的环境，但在当时是有身份的人才能去的。就是中华厅，一间屋子也得装三十多个人，市面上再没有比这个更高级的地方了。

爷爷绝对属于健康池的 VIP 客户，因为他每次都带我去中华厅。后来长大一点儿了，不需要爷爷带着去，也不想大人陪着，就跟家里要钱，和我哥两人自己去洗澡。每次家里人给钱时都是按中华厅的标准给，两个人七毛钱，他们一般会给一块钱，这就包括了洗完澡后两个人再各来一碗馄饨的钱。但他们不知道的是，每次我和我哥拿一块钱去洗澡，都洗最便宜的一毛二的。我们这样做除了想把差价省下来干别的事情之外，另一个原因是我们那么大点儿的小孩子去洗三毛五的澡，别人看到会觉得特别奇怪，这种行径有点儿相当于现在“富二代”的所为。

濮存昕演了一部电影叫《洗澡》，我一直觉得非常亲切，它让我想起爷爷的澡堂。现在想起来，那个时候老澡堂的水脏得没法看，跟豆浆一个颜色。我没见过几次健康池里的水是清的，除非是一大早去洗，只有那会儿的水才是清的。爷爷从来不晚上去澡堂洗那豆浆一样的水，他总是吃完午饭，睡了午觉之后，大概两点多的样子去。那时候水很清，他就溜达到健康池，与其说是去洗澡，不如说是去会老朋友。不仅是我爷爷，他的朋友也都在那个时间去，几十年如一日。

除非生病，爷爷每天都要去洗澡。他一辈子不抽烟、不喝酒、不赌钱，除了洗澡没什么其他花费。按说三百六十五天，天天三毛五地洗，在那时也是一笔不小的开销，但我琢磨着，估计对于他那样的老主顾，也是有月票之类的优惠。

那会儿在澡堂泡澡，总会碰到有人唱戏。在那个空间低矮、灯光昏暗、蒸汽弥漫像水牢一样的地方，每天都有几个老先生唱着他们拿手的京剧段子，雾气深处传来的唱段深深刻在了我的记忆中。我喜欢京剧很大程度上是受爷爷和外公的影响。我外公也是戏迷。

那种老澡堂，越往里边走越闷，肺活量不大的小孩儿都靠外边洗，那些老先生却在最里边唱，而且声如洪钟。虽然我在那里洗了几年澡，却从来没见过是谁在唱。我只知道，被浓浓雾气包裹着的老先生每唱完一段，都会有人大声叫好：“好！再来一个！”老先生们在喝彩声的激励下，会像演员一样返场又来一个。就这样，一段接一段地唱下去。

我在健康池洗澡的日子大约持续了五六年，之后澡堂涨价了，三毛五变五毛，很快涨到了五块，再后来就记不清了。最后，健康池也拆了，那些雾气深处的业余京剧演员们想必也早已过世。

健康池是南京老澡堂的一个缩影，是一代人的集体记忆，很多老人一辈子的朋友、一辈子的回忆都定格在那里。我想，爷爷要是还在的话，看到那个池子被拆掉，他一定会老泪纵横。

六、重庆和南京的差别

十二岁到南京之后，我像到了一个陌生的世界。虽然终于如愿和父母住在一起了（爷爷奶奶那边也就是逢年过节才去），但我的生活却出现了太多变化。

小时候我一直住在灰不溜丢、碉堡一样的筒子楼里，终年不见阳光。外婆家的房子外头是厨房，里头就一个房间，也就三十平方米左右，全家人都挤在一起。一九八二年到了南京，电视台分给我父母一套七十二平方米的三居室。我第一眼看到新家的时候，心底竟然涌起这样一个成语——一望无际！我从没见过世界上有那么大的房子，也第一次使用了只在电影里见过的抽水马桶！我在新房子里转了很久，还是觉得实在太大了，大得我很不适应！这套三室一厅的房子让我们一家人激动了很久。

白下路 235 号——这套房子我一直住到一九九六年我结婚之前。

让我不适应的另外一件事就是要从重庆话过渡到南京话。一个小学四年级的小孩儿，到了一个陌生的环境里，过去的亲戚朋友一下子都不在身边了，感觉简直跟移民差不多。好在我还小，学习和适应语言还算快，半年就学会了南京话。但多年来我一直不适应的是，南京的人际关系或者说文化氛围，和重庆相比反差实在太大了。

在重庆，电台和报社的家属区或者单位宿舍，都和单位在一块儿，生活很热闹。大家都在一个大院里，上班在一起，下班也在一起，谁家烧个好菜都会给邻居端一碗过去。我过了十几年这种大杂院式的群居生活。到了南京之后，我突然发现这里几乎是没有什么邻里关系的，下班之后同事之间也很少往来，这让我幼小的心灵开始有了孤独感。

重庆日报社有自己的印刷厂，报社的编辑记者是知识分子，印刷工是大老粗，但他们都住在一个大院里。久而久之，重庆日报社的知识分子身上，有了很多草根习气，而那些工人也喜欢谈论时政。两个阶层的人共居一个大院，相互影响着，酝酿出了独特的生活景象和氛围。而在南京，知识分子和工人是完全不同的两个圈子，泾渭分明。我习惯的那种生活氛围消失了，我莫名惆怅了很久。

当时我绝对不会想到的是，十多年后这两个圈子在我身上居然又融合到了一起。那是我当印刷工的时候。

七、不堪回首的中学时代

很多人回忆起中学时代都觉得特别纯真、美好，但我却觉得它是我人生中最黑暗的阶段。我没考上大学，在印刷厂工作出了工伤，在电视台当了很多年临时工，这些都没让我觉得有多么沮丧，只有中学时代是我最不愿意回忆的日子，那时我成绩不好，父母关系也不好，生活暗无天日。

❶ 高中二三事

中学时代我的理科成绩特别差，数理化单科成绩基本没上过六十分，高中时三科的分加起来一般也就九十来分。说起来，堕落是一步步形成的，当年中考我考了五百多分，但那时文理科的落差已经很大了，到了高中，更是不知道该怎么学习了。

那个阶段我什么都不会，所以考试交卷就特别快。每科的试卷都是一共十二面，班上数学成绩最好的同学最快也要一个多小时才能做完，我会做的二十分钟就做完了，接下来就是发呆。再后来这种情况愈演愈烈，甚至到了考试卷子发下来，我要问边上的同学：“这是化学还是物理？”只要不写汉字的科目，我的成绩都不行。

那个时候学生考试也作弊。大多数同学也会因有某几道题不会做而抄别人的，而我是只有一两题会，其他都不会，抄都来不及。患难见真情，班上有个女生对我特别好，是那种默默的好。有一回她把整张卷子做完了，没写名字，嗖地扔给前排的我，然后把我那张几乎是空白的卷子拿过去自己又写了一遍，我只需要在她的卷子上填上自己的名字就可以了。这让我感动不已。不过纸包不住火，很快老师就把我叫过去问：“这是你写的吗？”我傻了。也难怪，成绩突然从三四十分变成了八九十分，鬼才信。

高二的时候，化学课的内容已经讲到我完全听不懂的有机化学。化学老师是个老太太，人挺好的，她在课上就说：“马上要高三了，我们进行最后一次复习，不懂的现在就问，不要装，不要不好意思，否则过去就过去了，不会再讲了。”其实我不懂的太多了，也没打算问，但听到老师那样掏心掏肺地说，我的良心被唤醒了，就壮着胆子提了个问题：“老师，为什么有环丙烷、环丁烷，没有环甲烷、环乙烷呢？”问题一出口，全班哄堂大笑，老师也震怒了，说：“不要拿这些愚蠢的问题来耽误全班同学的时间。”从此，我彻底沉默了，再也没有问过任何问题。后来老师讲她的，我在下面孜孜不倦地看我的《围城》，不时发出大笑，最后被老师请出教室。

在我整个中学时代，我爸就没去开过几次家长会。有一次他去了，先后碰到了化学老师和语文老师。化学老师语重心长地跟他说：

“孩子现在是青春期，身体发育比较快，尤其是大脑的发育特别重要，家长要注意给孩子加强营养。”如此委婉的说法，我爸听出了大意——孟非同学的大脑发育是有问题的，智力是有缺陷的。之后，他又碰上了我的语文老师，语文老师非常激动地对我爸说：“你儿子啊，了不起啊，小小年纪很有思想，文笔很老练，你要好好培养，人才难得啊！”两位老师的话，让我爸在短短十几分钟里经历了悲喜两重天。

我的理科成绩虽然极差，但也曾经有过奇迹。初二的时候，我数学的真实水平差不多就是四五十分的样子，如果作弊顺利勉强能混到六十分上下。偏偏有一次，我生病在医院住了一个月，当时我特别高兴，因为生病耽误了一个月的课程，考得再差也有充分的理由了。

有了这样的底气，住院时我闲来无事，也翻了翻数学课本。出院没两天就考试了，奇迹就此发生了。那次数学考试我竟然考了九十八分，而且完全没有作弊，因为根本不需要。班主任朱老师看到我的卷子时特别激动，对我说：“你看看，你要好好学习，潜力有多大你知道吗？你看你多聪明啊！”这么一激励，一下子我整个人都振奋了，确信自己是天才，根本不需要听老师讲课。天天上课就考四十几分，一个月没上课自学反倒考了九十八分！带着这样的自信，我一如既往地投入到了之后的学习中去。过了几个月再一次考试，我又回到了四十几分的原形，此后再也没有考到过六十分以上。现在回想起来，这件事情完全可以说是一个灵异事件。

由于成绩太差，难免想一些歪门邪道。有一次期末考试前，我和班上另外的坏学生一起溜进学校文印室偷卷子。第一次作案相当紧张，不过还真让我们找到了，但只找到了历史卷子。我很沮丧，因为我的历史本来就学得不错，完全不需要冒这么大风险去偷卷子。不过转念一想，总也能锦上添花，拉点儿总分吧。回家之后就开始做卷子，然后背答案，还告诉自己千万不要考满分，因为那样很可疑。结果第二天上历史课的时候，历史老师说："我们先发一套模拟试卷。"发下来后我一看：靠，就是我们偷的那套卷子！当时我就气晕了。

相比一塌糊涂的理科成绩，我的文科成绩还不错，特别是语文，基本上总是名列前茅，三甲之列，而且从初中到高中，一直如此。那时学校特别万恶，考试结束后，每门学科都弄出一个什么"红白榜"，前十名上红榜，最后十名上白榜。每次大考之后，红榜白榜上基本都有我，上榜率挺高的。

上初三时我参加了南京市的作文比赛。全南京的中学都派作文成绩最好的学生去参赛，普通学校是一个代表，重点中学可以派四个代表。我是重点中学南京一中选派的四个代表之一。比赛是抽签制，抽到什么题目当场就要写。比赛结束之后，喜讯很快传来，我校派出的四个同学，分获一、二、三等奖。学校大门口贴着喜报，第一行就是——孟非同学代表本校参加全市作文比赛，获得记叙文类唯一的一等奖。没过几天，喜报还贴在校门口，我又因为不知道干了什么坏事儿被全校通报批评，处分通告就贴在了喜报旁边。我经过校门口的时候还跟班上的女同学说："看看，都有我！"当时我觉得特别牛。

顺便说一句，我的太太当时就在我隔壁班，我们在一九八四年时就认识了。

高三的时候，我的语文老师是个扬州人，挺喜欢我的——所有教过我的语文老师都喜欢我。这位扬州先生经常回答不出学生的问题，每当这种尴尬的时刻，他就有个很神经质的反应——咳咳咳地清半天嗓子，后来他只要这么一清嗓子，同学们就知道他答不上来了。等清完了嗓子，他会带着扬州口音拉长了声调说：“这个——问题，让孟非同学来回答。”而我呢，理科学得跟狗屎一样，不断被羞辱，但人总要找点儿自信活下去吧，这种时候就该我露脸了——我总是很得意地站起来，在全班同学，尤其是女同学敬佩的目光中一二三四很拽地说上一大通。

后来这个烟瘾特别大的语文老师没收了我一包香烟——那会儿我们学校高三的男生不抽烟的已然不多，我因此怀恨在心。一次又有同学在语文课上提问，他又答不上来，又拖长了声音说：“这个——问题让孟非同学来回答。”我噌地站起来，像电影里被捕的共产党员那样大声宣布：“不知道！”我的话让他一下愣住了，毕竟，语文课上从来没有我答不上来的时候。教室里的气氛顿时一片尴尬，很多男生坏笑起来。提问的同学还在等答案，我叛逆的表情仿佛在说：我不可以不知道吗？

整个中学时代，唯一让我觉得安慰并找回一点点尊严的，就是我的文科成绩还不错。这离不开我的记忆力。中学里学过的很多古文我到现在还能全文背诵，中学时期的六本历史书，我曾经从第一页到最后一页都能背出来，连教材里的插图在什么位置、插图的注解是什么，我也全都记得。这恐怕就是人们所说的“照相机一样的记忆力”。但后来我渐渐明白，这其实没什么值得骄傲的，因为缺乏判断力的人，记忆力往往特别好。我就属于缺乏判断力的人。

❷ 岔路口

中学时代我除了成绩不好之外，其他样样都好。那时我爸老教训我："学习好比什么好都强，而你是除了学习不好，其他什么都好，有屁用啊！"他说得没错。学校开运动会，我短跑总是得名次的；学校举办艺术节，我一向是主持人；就连出黑板报也是我的事儿。总而言之，凡是无关学习的事，多多少少都和我有点儿关系。只是一考试我就傻了，所以现在一说起中国的教育体制，我就觉得它就是万恶之源。

高中我上的是南京三中，因为文科成绩还不错，我唯一的指望就是高二分文理科，我只要能分到文科班就还有上大学的希望。那时年级里就一个文科班，那个文科班就是重点班（还有一个理科重点班，其他都是普通班）。偏偏到分班时，我们的年级长，文科班的班主任，也是我的政治课老师，不让我上文科班。他的理由是：高考算的是总分，语文一门考得再好也没用！后来听坊间传言，这个政治老师特别讨厌我，最重要的原因就是他亲口说，文科班里他认为最漂亮的四个女生都跟孟非关系好（他太抬举我了，这个真没有）。结果这位年级长死都不让我进文科班。

应该说南京三中这个年级长给了我黑暗的中学时代里最黑暗和痛苦的体验。他的长相跟冯巩实在太像了！这也是我这么多年不看春晚的重要原因之一，怕勾起痛苦回忆。后来听很多文科班的同学说，年级长最喜欢他那四朵金花中的一朵。我曾经借了这个女孩儿的笔记回家抄——同学之间借个笔记抄一下很正常吧？结果没两天，"冯巩"竟然晚上冲到我家里把那个女生的本子要了回去。当时我震惊了。后来听很多学校的前辈说，"冯巩"老师以关心学生，特别是关心漂亮的女学生而闻名于校。我知道我在三中待不下去了，于是被迫转学到了南航附中。

现在我回忆起我念过的三所中学，感情是很不一样的。南京一中是我中学时代最温暖的地方。当时我的班主任朱根雄老师对我很严厉，但人非常好，到现在我们还有联系。一中的老师对我都很好，现在每当一中校庆，我基本上随叫随到。南航附中，是在我最落魄的时候收留我的学校，虽然我只在那里上了一年高三，但我也心怀感激。其实我最感激的是南京三中的“冯巩”老师，如果当时他网开一面，让我上了文科班，说不定我就考上大学了，我的人生就不可能是今天这个样子，而完全是另一番光景了。

人生就是这样，一个岔路口就决定了一生。

③ 注定失败的高考

现在想起来，造成我成绩差的原因，除了自己不开窍、不努力的主观因素外，和父母闹离婚也有一定关系。

那段时间父母很少过问我，他们工作也忙，家里经常没人烧饭，我就在家对面的金陵职大食堂打饭吃。有一次我生了病，人都快瘫了，还硬撑着去打饭。勉强回到家，连吃饭的力气都没有，饭菜往桌子上一放，就一头倒在床上了。一直到晚上他们回来，才把我送到医院，一到医院我就住院了。后来我妈一想到这事儿就掉眼泪。

到了高三我被迫转学，完全看不到希望了，我开始抽烟。抽烟是坏学生的标志，我那时很享受这种堕落的标志。当时我经常抽两种:

长支的过滤嘴“天星”，一块零四分，看起来很高级；另一种是看上去更高级的硬壳烟“长白参”，一块八。除了抽烟之外，那时我还和另外一些坏学生一起出去看电影、吃饭。我们是没有那么多零用钱的，只有跟女同学借，而所谓的借，其实根本就不会还的。

有一次，从外校转过来一个女生，烫着大波浪，涂着口红，还穿着高跟鞋——一看就是标准的不良女青年。我第一次开口向她借钱，想不到她不仅立刻答应，而且连整个钱包都给了我，里边竟然有五十块！当时这绝对是一笔巨款，可以挥霍好几天了。我看着钱包，忙客气地说：“不用不用，十块就行。”我那几个狐朋狗友为此骂我，但我坚持只允许他们用了十块钱，剩下来的钱第二天都还了回去——盗亦有道，我跟他们相比还是有底线的。

这种破罐子破摔的日子过得很快，直至一九九〇年高考结束，我上大学的幻想最终还是破灭了。这个时候我已经清楚地知道，社会已经把我归到另外一个阶层去了。作为一个高考失败者，我父母对我的要求就是自食其力，不要走上犯罪道路。对于我高考失败我父母挺有承受力的，他们一方面早有心理准备，另一方面也没太多工夫管我的事情，因此也没有什么悲剧降临的感觉。

在成为社会闲散人员之后，我又和几个混混朋友玩儿在了一起。不过，我本能地觉得，我骨子里跟他们不一样——虽然我说不出到底哪儿不一样，但我确信，就是不一样。混了几个月之后，我上了南京师范大学英语专业大专自考班，但只上了一学期，江湖朋友们就勾引我去深圳混了。

回顾：孔庙、孔府、孔林

来到曲阜，自然要去孔庙、孔府、孔林。这种文化景观无所谓淡季旺季，但毕竟是冬天，游客很少，这正是我希望的。

这就是影响了中华民族两千多年的孔圣人的陵墓。很多人进了孔林，瞻仰和拜谒一下这位圣人的墓地便匆匆离开了。

相传这是孔子当年亲手种下的树，其实是清雍正年间孔庙火灾后，在原树根上重新长出来的，算算大约也有三百多年了。

这是孔府里的“避难楼”，但地位尊崇的孔家也无难可避，建成后从未使用过，据说里面机关重重。

孔庙大殿的规格仅次于紫禁城的太和殿。

回顾：孟府、孟庙

从曲阜往南二三十千米便到了孟子故里邹城，这是我在中学课本里便留意过的一个地名，能来此，总算了却一个心愿了。

孟庙里定然有孟母殿，以纪念其“三迁之教”。

一抬头，发现孟府里的千年老树上竟然结着这样鲜亮的果子。

我虽随母姓，但这一趟也有点儿认祖归宗的意思。尽管很不喜欢拍这种“到此一游”照，但还是在孟府门前破例留影一张。

第三部分　印厂生涯

从深圳回到南京后，我就已经彻底成为一个标准的社会闲散人员。一个高中毕业生，能找到什么好工作呢？当时我父亲是江苏电视台的一个中层干部，按理说，多少是有点儿社会关系的，给儿子找一份稍微体面一点儿的工作应该没太大的问题。偏偏我父亲是个不愿意开口求人的人，现在想来，可能以我当时的情况，向别人开口对他来说是很没有面子的事情。为此当时我对父亲是有怨恨的。不久前，父亲过七十岁生日，一起吃饭的时候，他回忆起很多往事，其中表达了对我有很多愧疚。我对此早已释怀，但是从这件事开始，我有了一个重要的人生原则：永远不要对别人的帮助有太高期许，哪怕是你的父母，凡事靠自己。

八、印刷工

在社会上混了一段时间后，江苏省广播电视厅下面的一个电视节目报印刷厂招工，这个招工竟然是要考试的。我去了，在那群考试的工人里我还算是相当有文化的，因此我顺利地成了一名印刷工。当时我觉得，虽然只是工厂，但毕竟是江苏广电本系统的，先干着吧。

❶ 滴水成冰的日子

印刷厂位于南京城南的城郊结合区，一个叫卡子门的地方，以前是一大片坟地，工厂是把那片坟地迁走之后建起来的。因为是新厂，第一天我去上班的时候，车间的窗户连玻璃都还没有安上。

我去厂里报到的那天是一九九一年十二月二十五日，圣诞节。

我清楚地记得这个日子是因为头一天晚上，我还在父亲一个同事家里过了一个难得一遇的“白色平安夜”。那种聚会是相当“装 13”的，一屋子文艺青年和中年，有人弹钢琴，有人表演节目，宾客们就着火腿沙拉喝着香槟在琴声中高谈阔论着一些我完全没有兴趣的话题，屋外雪花在静静地飘落。这个大雪纷飞的夜晚是我人生的一个重要分界线，从第二天开始，我走上了工作岗位。

在西方，白色圣诞节是吉祥的象征。就在那个特别吉祥的圣诞节的早晨，在一片白茫茫的世界里，我骑了将近两个钟头的自行车，跨越了南京的三个行政区，中途还要下来推着自行车过一条铁路，最后到厂里报到了。

因为厂里新买的印刷机还在调试阶段，第一天我的工作就是擦洗保养机器。我脱掉外套，第一次穿上工作服，撸起袖子，拎着一大桶机油，再拿着一大块棉纱蘸上机油，钻到机器肚子里开始擦机器。在那个滴水成冰的日子里，我的手就不断伸进冰冷的机油和煤油里，北风从没有玻璃的窗口刮进来，把外面的雪一直刮到机器旁边。

到了午饭时间，大家都去食堂了。印刷厂前面是一个学校，工厂和学校共用一个食堂，从车间到食堂要走几百米。我第一天上班，初来乍到，什么都不知道，没饭盒，也没饭票。这时一个女工热情地对我说：“我可以借你饭票，但你没饭盆，还是别去食堂吃了。出厂门左拐走十分钟有一家面馆，你可以去那儿吃。”我就照着她指的方向，顶着大雪，深一脚浅一脚地去找饭吃了。

当时我又冷又饿，走了十多分钟，果真看到了路边的那个面馆。一大碗热气腾腾的面上来，我三两口就“吸溜”下去了，连面汤都喝了个精光，全身总算找回了一些热气。然后我又顶着北风冒着大雪，继续深一脚浅一脚地回厂子里干活儿。那一路上我不知怎么就想起了《水浒传》里“林冲风雪山神庙”那一章，心里颇多感触。而那碗面的热量支撑到刚走回厂里，似乎也就消耗光了。

一个多月后，厂房的玻璃终于装好，风不再嗖嗖地往里刮了，我也已经完全适应了那里的工作。

❷ 暂时落脚

从一个闲散人员，到一个印刷工，我觉得还不错。虽然工种差了点儿，但总算有了个落脚的地方，而且又是在广电系统的企业，对我而言多少有点儿归属感。当时我想，再干几年厂子会越来越好，等我资历老一点儿之后也许可以转正成为厂里的正式工。在厂里，我的文化水平还算比较高的，好好干些年似乎很有可能混到组长甚至车间主任这样的级别。

印刷厂的工作自然就是印报纸。二十世纪九十年代初的时候，电视节目报还是很吃香的。很多有点岁数的人应该都还记得一张节目报刚来的时候，一家人围在一起用红笔在自己喜欢的电视节目下面画杠杠的情形。刚开始印报的时候，印量是从十几二十万开始的，慢慢增加到三四十万、五六十万，最后到了鼎盛时期印过一百二十多万份。很多年后，我碰到印厂的老同事，问他现在印多少，对方说:“十几万吧。”我开玩笑说:“怎么这么少？我一走厂子就不行了吗？”

当时节目报挺吃香，报纸印量大，我们的机器和人员少，导致我们必须从周二晚上开始一直印到周四早上，连续干三十多小时，就是俗称的大夜班，中间每干八小时休息两小时，印一次报纸，我要在车间门口的台阶上看两回日出日落。

印厂车间的噪音非常大，有九十多分贝，巨大的噪音让人就是面对面也得扯着嗓子喊，对方才能听得清。在这样的环境里，我很快悟出了一个道理：为什么劳动人民嗓门儿大？那是因为劳动人民无论是在广阔的地里干活儿，还是在噪音巨大的工厂里上班，声音小了，别人都听不见。

那时每次印报纸，印刷工们要不停地抽报纸出来查看，看墨重不重、水大不大，而我除此之外，还看新闻。后来厂里的同事看到我主持的新闻节目里每天都有读报环节，就说：这是他在厂里印报纸落下的病根儿。

③ 一同值班的小郑

平时不印报纸的时候我们就得卸纸、保养机器，中午就在宿舍待着。说起来是宿舍，其实就是类似于现在建筑工地上的那种工棚。宿舍在一栋红砖房子里，房子上下两层，一楼住着广播学校的老师和校工，只有楼上两间属于我们厂的工人。

每间宿舍也就十平方米不到，里面还堆满了印刷辅料。到了冬天，有人会把劳保鞋脱下来，把臭烘烘的鞋垫放在廉价的电热器上烤，旁边不到半米的地方就有人捧着饭盆在吃饭，还有人在一边抽烟——那种乌烟瘴气的味道恐怕大多数人是受不了的，但我已经很习惯了。

印厂每周日休息一天，但每晚都要有两个人值夜班，差不多每半个月就轮到我值一次。厂子在郊区，很空旷，夜里风很大，偏偏值班室还有两块玻璃碎了，用报纸糊了起来。值夜班的夜里，外面北风呼啸，风吹在报纸糊的窗户上，哗哗作响，这时总会想起厂房是建在坟地上的这一茬儿，我们不禁浑身起鸡皮疙瘩。

我睡的那张行军床，有一截弹簧坏了，翻身的时候要是不小心，断了的那一截弹簧就会戳着屁股，加上这床睡过太多人——干过八小时后轮流休息的人都睡这里，早已发霉的褥子也没人洗，总是散发着一股恶臭，所以刚开始我总是很难入睡，后来夜班印报纸时间太长了，累得倒头就睡，就完全没有异样的感受了。

当时厂里有个小福利，每周印完报纸之后，厂里会给每个工人分几沓报纸，具体数字我已经记不清了，好像能卖个十来块钱。这对于当时我们这些印刷工也算不错了，毕竟每个月工资才三百多块钱。拿到这点福利报纸后，大多数职工都不好意思拿出去卖，一般都是在家门口的小店换点儿烟酒之类的，而我这样的进步青年是把厂里发的报纸兑给我家门口的报摊，换其他报纸看。唯一例外的人就是和我排在一起值夜班的小郑。

每次印完报纸后都要打扫车间，这活儿一般没人想干，大家都恨不得赶紧换衣服走人，所以一般都要排班打扫卫生。只有小郑每次都自告奋勇，说："你们走吧，我来。"他这样高风亮节，让我们感动了很久。

然而，过了很久我们才知道，他抢着打扫车间的真实目的是为了能偷偷从车间里多拿点儿报纸出去。多拿点儿也就算了，他还不像其他人那样一次性兑给小店或者报摊，他竟然自己拿着到街上零售，为的就是多挣几个钱，结果有一次在街上恰好被厂长撞到了，厂长当场质问他怎么有那么多报纸。虽然这事儿后来不了了之，但小郑的"高风亮节"也成了厂里大家茶余饭后的笑料。

现在回想起来，那会儿大家笑话小郑其实不太厚道，他那样做虽然不对，但不就是为了稍微多赚点儿钱嘛。那会儿大家的工资就三百多，过得都不容易。而且听说小郑家里也比较困难，那时候厂里的工人一般抽三四块钱一包的香烟,他只抽一块多的最便宜的那种，平时还经常蹭别人的烟抽。我挺乐意他蹭我的烟抽，因为他很愿意帮我跑前跑后，某种程度上，可以让我值班的日子不那么痛苦。

在那时我们宿舍里连电水壶都没有，只能在煤气灶上烧水，水龙头在一楼，煤气灶在二楼，我们用来烧水的是一个特大号的也不知道是谁丢在宿舍里的饭盒。我值夜班的时候要喝开水，每次都是小郑到楼下打一饭盒水，放到炉子上烧开之后，用棉纱包着滚烫的饭盒把水灌到水瓶里，再下楼打一盒水上来，再烧。要灌满一水瓶，他要楼上楼下跑八九趟。类似这样的事，由于蹭我烟抽的缘故，都是小郑包揽了。

后来我越来越不想值夜班了。因为连上印报纸的两个晚上，再值一个夜班，等于一个星期有三个晚上在厂里不能回家睡觉，太痛苦了。有一次一个同事悄悄跟我说：“你要是不想值班，就给小郑一包黄红梅，你让他一个人值班，他保证干。”一开始我有点儿不太好意思开口，没想到后来小郑主动跟我说:“你回去吧，我一个人值班没事儿。”我有点儿犹豫，怕被厂长知道。他又说：“只要你明天早上八点钟之前，赶在所有工人之前到厂里就没事儿。”我一听，喜出望外，赶紧跑下楼买了一包黄红梅，递给他连声说“你辛苦、你辛苦”，他就在连声说“不客气、不客气”的时候把烟揣兜里了。

一九九二年春节值班又轮到我和小郑。大过年的总不好意思再留他一个人值班了，而且也舍不得过节的加班费。我到厂门口的小店买了瓶分金亭特酿(当时江苏的一种价廉物美的白酒)、两包多味豆、一包好烟，拎到宿舍里去。小郑依然勤快地灌满了一瓶开水，把一个脏得要命的小桌子清理出来。我把两包豆子摊在纸上，弄来了两个杯子，我们就一边喝酒，一边吃豆子聊天。楼下小店里有台黑白电视机，当时在重播春节联欢晚会，声音放得特别大。我听到电视里的主持人兴奋得不行了，说："我们向此时此刻仍坚守在工作岗位上的同志们拜年！"我一听乐了，跟小郑说："听，说我们呢。"

九、这就是劳动人民

我在印厂的那段生活最重要的收获是让我深刻感受到了阶级意识，我清清楚楚地感受到了——在这个社会我属于哪个阶层。

❶ 最累的活儿

当印刷工干的自然是体力活儿，而厂里最重的体力活儿不是印报纸，是卸纸。

每个月厂里都要进新闻纸，一大筒一大筒那种，我非常熟悉，小时候在重庆日报社家属区生活时经常看到。每次都是一辆平板大卡车开到车间门口，上面整齐地堆着一筒一筒的新闻纸，车屁股对着车间大门。每筒新闻纸都有大几百斤重，工人要先把纸筒从车上卸下来，再推到库房里去。

当时我们用的有三种新闻纸，最差的是江西纸，印报的时候特别容易断，一断就要停机重新穿纸，然后重新开机，非常麻烦，我们最恨用它；比江西纸好一点儿的是福建南平纸；最好的是进口纸，纸质好，几乎不用担心断纸的问题。每次印报的时候厂长都让我们三种纸搭配着用，进口纸用得最少，印出来的都送到机关，江西纸印的都送到外地和农村。

卸纸这事儿真要一把子好力气。两块木板斜搭在车斗上，两个工人上去，用撬棍把上面一筒一筒的新闻纸撬下来，其他人在车下面等着，等上去的人把几百斤重的纸筒从车上轰的一声撬下来，底下的人必须非常用力和小心地接着。纸筒从车上头滚下来，冲击力太大，至少需要两个人才能接得住，不小心则很容易被砸伤——那么重的纸筒要是从人的身上压过去，那人估计基本就被压成相片了。纸筒被撬下来后，还要一个一个地推到指定的位置。让这些纸筒拐弯儿是最费劲的，几个来回下来，手就酸得不行。我第一次卸纸后，晚上回家吃饭拿筷子手都在发抖，过了很久才恢复。

相比在下面接纸，在车上撬纸更需要力气。一般我们都是轮流上去撬纸。撬纸要拿着很粗的铁撬棍，插到两个新闻纸筒中间，把上面的纸筒撬起来然后推下去。我第一次上去撬纸，撬棍插进去之后我两腿都悬空了，也没把纸筒撬起来。下面的工人都笑了，有人看不下去了，一个叫吴大麻子的同事爬上车一把把我拉开：“滚滚滚。”说着他接过撬棍，用力一扳，纸筒轰地滚下去了，下面的工人笑成了一团。由于卸纸这活儿非常累，所以每个月只要有卸纸的活儿，工资里都额外有二十块钱补贴。

除了卸纸，卸石棉网的事情我也记得很清楚。流程和卸纸一样，但是因为运石棉网的卡车太宽太长，开不到车间门口，我们就要从坡下面的厂门口把一大包一大包的石棉网背到车间去。和纸筒相比，石棉网的分量轻得多，但也有好几十斤，而且体积很大。运货的人在车上，把石棉网一包一包往下推，我们就在车下面弯着腰用背接着，然后背着石棉网去车间。因为石棉网的体积大，我们必须把腰弯得很低，手才能比较省力，否则托不住。

其实，背石棉网远没有卸纸那么累，但它却让我对体力劳动有了一个深刻的体验，这种体验是包括生理和心理两方面的。背石棉网的时候，工人们身体呈现出的姿态给了我强烈的刺激。那种身体的姿态让我想起了《东方红》里在旧社会上海滩的码头上，从帝国主义资本家的船上卸货的劳工。我们干的活儿是一样的，连身体的姿态都是一样的，唯一不同的是我们边上没有人拿着鞭子抽我们。想到这里，作为主人翁的自豪感浮上了心头。

❷ 淳朴的劳动人民

在印刷厂我体会到了很多东西，其中很重要的一点就是劳动人民淳朴的友爱。

每周印报纸从周二晚上开始，一直到周四早晨，机器是不停的。中间的五六顿饭就都得在车间里吃。我们印刷车间的工人分成两组，一组六七个人。到了吃饭的时候，每组一次最多只能有两人停下来，另外的人先顶着，等这两人吃完了，再换其他人吃。每次饭送到的时候，其实大家都已经饥肠辘辘了，但每次厂长喊“饭来了，吃饭了”的时候都没人动，都让别人先吃。两个组都有一个光荣的传统——

组长最后吃，让像我这样的年轻人先吃。每次大伙儿都不动，都让别人先吃的时候，我总能感受到那种工友之间最淳朴的互相关心。

我对吃一直不挑剔，尽管如此，我还是觉得厂里的饭实在太难吃了，基本上就是民工的伙食标准，就别谈什么口味好坏了，关键是菜的分量少得可怜。每次都是一小撮菜，一大盒饭，饭又硬得像喂鸡的粳米，难以下咽。很多工友都是就着几口菜吃几口饭，菜没了饭也就不吃了，而我每次都能就着那少得可怜的一点儿菜把最后一口饭吃完。

干了八小时后，两个组的同事也是谦让着轮流去睡两小时。每次到点休息的时候，我从车间出来，在去往宿舍的那一两百米路上，都像梦游一样。耳朵里满是机器的轰鸣，眼睛半睁半闭，累得谁都不愿意说一句话。到了宿舍，把外边墨迹斑斑的工作服一脱，头一挨着枕头，一秒钟就打呼噜了。

两个钟头实在太短了。你想想，大冬天的，睡到夜里三四点的时候，有人拿脚踢你说“哎哎哎，起来了”，你是不是很想杀人？都是年轻人，谁不想睡到中午才起床。但在上夜班印报纸的时候，只要有人来喊，所有人都是一秒钟都不耽误立刻起来，我从来没有听一个人说过一次“让我再睡两分钟”之类的话。随后，我们起床闭着眼睛穿上工作服，半梦半醒地回车间继续干活儿。

之所以那样自觉，是因为每个人都明白，你多睡两分钟，别人就要少睡两分钟。就这么简单。

今年年初，我在昆明接到一个电话，是印刷厂那个吴大麻子打来的，我在厂里跟他关系很好，我们快二十年没见面了。他说他儿子十月份要结婚了，问我能不能去捧场。他说他身体不好，内退了，家里的经济条件比较差，儿子结婚的地方不是很高档，但总想着能办得体面点儿，于是想到我了。我说：“一定去！如果不巧正好录节目，我也会以别的方式出现。”

③ 手指甲黑糊糊的人

应该说，即便在蓝领工人队伍里，印刷工也算是比较辛苦的，不仅累而且脏。在一天工作结束后，下班前有一件事情是非常重要的——洗手！这件事情马马虎虎地做也要五六分钟，讲究一点儿的要十几分钟。因为印刷工整天接触的都是油墨，那双手实在太难洗干净了。

印刷工洗手有一套程序。手在油墨中浸了两天之后，油墨已经深深地黑到指纹里去了，任何肥皂都没有用。想洗得稍微干净些，首先得用一大块棉纱蘸着机油使劲擦手，擦几分钟后，再用汽油洗掉机油和油墨——这两道工序就要五六分钟。接下来是用硬板刷或钢丝刷蘸着洗衣粉在手上刷，使劲刷呀刷呀，这时你的手才开始出现皮肤的颜色。最后再用清水加肥皂搓呀搓。

这一番折腾下来你会以为——手基本洗干净了！我之前也一直这样以为，直到有一天，一个女孩儿约我吃西餐（她埋单，我的工资连快餐都不能经常吃），那天我洗手的时间比平时都长，以为已经洗得很干净了，结果上了餐桌，在雪白的台布映衬下，我惊讶地发现自己的手还是黑黑的。直到现在，我听到有人说“手指甲黑糊糊的人”，我都怀疑是不是在说我，会情不自禁地低下头检查自己的手指甲。

前面说过，印刷厂和学校共用一个食堂。每天中午打饭的时候，厂里的工人和老师都在职工窗口。当学生们在窗口挤成一团的时候，老师们从来不跟我们挤。有一次，一个工友跟我感慨，说：“瞧人家，老师的素质就是高，从来不跟咱们挤。”我笑了一下说：“他们是怕挨着你，嫌我们身上脏，懂吗？”老师们穿着白衬衫，一碰上我们身上的油墨，衣服就废了。

老师们躲着我们也就罢了，连厂长都嫌我们脏。厂里为了提高工人的生活待遇，盖了个小澡堂，但没多久，厂长就不愿意跟我们一块儿“赤诚相见”了。他每次都趁着报纸快印完之前就先去澡堂泡着，那会儿水干净啊。有一次我们提前印完了，一起跑进澡堂，赤条条地正准备下水，厂长在水里一下喊了起来：“别动！别动！等我先上来！”因为我们都下去之后，水就成墨汁了。

厂里一些年轻工人挺虚荣的，别人问我们是哪个单位的，他们都说“报社的”，每次我听到都会再加一句“印刷厂”。现在想起来，我有点儿不厚道了。

十、工伤

在印厂的日子虽然苦，但日子过得还算平静。那时我谈恋爱了，日子也算是有奔头，但一次工伤改变了我的命运。

❶ 刻骨铭心的工伤

一九九二年六月五日早上，连续两晚的夜班后，报纸已经印好了，下班前最后的工序就是擦洗印刷机。当时我正在用棉纱蘸着汽油擦滚筒，可能是太疲惫了，一没留神，抓棉纱的左手和按点动键钮的右手没有配合好，机器转得快了一点儿，我的左手没来得及抽出来就被棉纱拖进了两个滚筒之间。

我大叫了一声，旁边几个同样疲惫不堪的同事马上发现出事了，立刻围拢过来。看到我的手夹在了机器里，稍有经验的印刷工都知道发生了什么事——这是印刷厂最容易发生的工伤，很多大的印刷厂里都有手指被机器轧断的老工人。厂长和车间主任很快被喊过来了。

我们厂里的印刷机是北人生产的一种轮转印刷机，印刷机那两个只能容纳两张报纸厚度的钢滚筒之间夹进了人的手指，你可以想象一下那种感觉。经过简单勘察，大家一致认为，要把我的手从滚筒里退出来必须让滚筒倒转。偏偏那台机器从引进到我们厂之后，就从来没有倒转过。如果要倒转，必须脱开机头。我至今也搞不清这件事情到底有多复杂，反正在厂里那会儿还没有人干过这事儿。

于是，我的手还夹在机器里，一帮技术骨干在机头那里开起了技术研讨会。会议的议题就是——到底怎样脱开机头，把小孟的手弄出来。我印象中大家发言还是相当踊跃的，一些插不上嘴，更插不上手的工人便在一边不断安慰我，问一些"疼不疼"之类的傻话。技术研讨会的时间似乎不算长，但是对我来说每一秒都是漫长的煎熬。说实话，手夹在机器里的那几分钟我还没有感到疼痛，只知道出事了，而且不是小事。研讨会很快结束，经验最丰富的一个组长冒着极大的压力亲自操刀，终于脱开了机头——之所以压力大是因为如果操作不当，我的手将被机器继续往里拖，整个手就残废了。万幸，夹住我手的两个滚筒终于倒转起来，我的手顺利地从钢滚筒里抽出来了，大家这才松了一口气。

我的左手抽出来的时候手上还裹着棉纱，当时我脑子一片空白，还好奇地掀开棉纱去看。我看到自己的手指已经变形了，左手中指和无名指的指甲已经翻开，皮开肉绽的，竟然没流血，白森森的，看着好像也没什么大不了的。

边上立刻有同事扶着我从机器上下来，快步往车间外走。我恍恍惚惚地，脚下软绵绵地，捧着受伤的左手刚走出去几步远，被轧伤的手指指尖血噗一下喷了出来，就跟电视剧《天龙八部》里段誉那六脉神剑的特效差不多。看着血喷出来几米远，刚才挂在机器上没有感觉到的疼痛感像压抑了很久突然找到了突破口一样，报复性地袭来。那种剧痛无法用语言描述，我眼睁睁地看着鲜血从指尖皮开肉绽的地方止不住地往外喷。天不绝我——我们厂唯一一辆卡车刚出去送报纸，因为驾驶员小李忘带驾照，回厂里拿，正好碰上了我出工伤。厂长立刻做出了一个重要决定：报纸先别送了，先送伤员！

我躺在卡车的后座上，同事举着我的胳膊，血顺着胳膊往下流。他们就用纱布紧紧地扎住我的手腕止血。事后听司机小李说，他当时是打着双跳灯，一路闯着红灯向最近的一家医院狂奔的。很快我被送到了南京城南的一家医院，那一路上的剧痛让我几乎要昏过去。同事去找医生的时候，我被放在抢救室门口的地上——凳子上都坐着人。一个穿着满身油污工作服的年轻人，举着血淋淋的手躺在医院走廊的地上，现在回想起这一幕多少还是有点儿心酸。

进了急救室之后，医生开始清创，最可怕的时刻到来了。所谓清创，就是清理伤口，让大夫看清楚受伤程度。那时我两根手指的指甲盖已经完全翻开了，伤口处血肉模糊。大夫干的第一件事儿就是用钳子夹着翻开的指甲，把我两个指甲连皮带肉，连根拔了出来。我当时差点儿直接昏厥过去，至今我都不明白，为什么不给我打麻药。我记得大夫好像对我说了一句："有点儿疼，忍着点儿。"我很想问：把你的指甲连根拔出来而且不打麻药只是"有点儿疼"？

接下来，大夫扯了一大团医用棉花蘸满了酒精擦洗我的伤口。我的手指那时已经完全没有皮肤了，再碰上酒精，再加上大夫反复使劲地擦，我又差点儿昏死过去。两个同事拼命按住我的肩膀，那种疼痛足以铭记终生。我的汗如黄豆般往下滴，真是咬碎了钢牙。

在那一刻，我的脑海里出现了一个人——江姐！竹签钉进她手指的感觉，我已经有了差不多的体验。打那以后，江姐成了我最敬佩的革命英雄人物。等到一切结束，我从抢救台上坐起来的时候，看到身边那个托盘——足足一盘血！

厂里当时要通知家属，这是我们厂第一起工伤事故。陪我到医院的是我的组长，他问我："你爸呢？"

"出差去了。"

他又问："你妈呢？"

"也出差了。"

再问："你有个哥吧？"

"当兵去了！"

司机小李问："你不是有对象吗？"

我说："对了，通知她吧！"

那会儿已经是夏天了，很热。当时她在鼓楼上班，据说接到医院打来的电话当时就傻了。她骑了一个多小时自行车赶到了我们厂里。为什么不是赶到医院呢？因为大夫包扎完伤口之后就让我回家休养了。我的组长问我："送你回家？"我想了一想说："回厂吧，我自行车还在厂里。"他们就真把我送回厂里了。

后来我就跟我女朋友两人骑着自行车回家了，当然我的姿势是一手扶车把，一手举着——如果不举着，血往下流的时候会更疼。当天晚上是最难熬的一晚，止痛片吃了一大把，根本没用。我跟我女朋友干脆上街看电影。我记得我们在大光明电影院，连续看了两场电影，什么内容完全记不得，一句台词也没听进去，只有疼痛。回家后，那一夜无眠，因为我不能举着胳膊睡觉，而手一放下来疼痛就会加剧。

过了两天，我妈出差回来，见了我这副模样，难过得死去活来。我还要装出很淡定的样子安慰她："还好，没有残废嘛。"

我在家养伤期间，同事们纷纷前来慰问，送的东西是那个年代最有代表性的慰问品——水果罐头。还有几个关系要好的同事为了陪我解闷，教会了我打麻将——这是我工伤期间最大的，也是唯一的收获。

❷ 离开印厂

我受了工伤之后，厂里开始安全生产大整顿，本来就不怎么喜欢我的厂领导似乎更加讨厌我了。厂长其实还好，讨厌我的主要是那个车间主任，我至今不知道他为什么讨厌我，大概有点儿"木秀于林，风必摧之"的意思吧。还有一种可能就是厂领导总觉得我是厂里的害群之马，会煽动起其他工人对工厂管理制度的不满。如果真是这样，我觉得他们对我的厌恶还是比较有道理的，起码后来事实证明我还是有这方面的能力的。

大约两个月后，我的伤养好了，回厂上班了。同事们并没有因此歧视我，但是我和车间主任之间的彼此厌恶却不见好转。到了春节加班发加班工资的时候，我发现我被车间主任莫名其妙地扣了五十块钱。这让我对他的不满彻底爆发了，那可是我一个月六分之一的工资啊！在春节加班期间的一个晚上，我就跟同样对车间主任有一肚子不满的小钱去找他算账。小钱当时是厂里的电工（现在在江苏电视台总编室工作），小钱的电工业务不怎么样，但跟我关系很好，偏偏车间主任也是电工出身，所以很看不起，也看不惯他。

当晚我和小钱酝酿了一下情绪，一起找车间主任发难，说了没几句就吵起来了，我抓起报纸就抽在了车间主任的脸上，刚要打起来，就被人拉开了。闻讯而来的厂长气急败坏地指着我和小钱的鼻子大骂：“你们造反啊？我开除你们！”对于厂方的态度我是完全有心理准备的。我大义凛然地指着厂长的鼻子说：“老子抽他的时候就没打算干了！不是你开除我，是老子不干了！”说完绝尘而去。走出车间大门时，我想象着自己的背影顿觉伟岸并且在心里为自己喝彩。

我和小钱头也不回地出了车间，回到宿舍，把自带的铺盖一卷往自行车后座一夹，在那个月黑风高的夜晚，走出印刷厂，结束了一年多的印刷工生涯。

最后一点儿花絮是，报社领导得知了一个印刷工、一个电工大闹节日加班的消息，相当震怒。社长决定亲自找我谈话。对于一个印刷工而言，受到社长的亲自召见本来是一件相当荣耀的事情，可是我又和社长大吵了一架，列举了车间主任如何迫害我这样的进步青年工人的罪行，最后不欢而散。

其实，那时我如果服个软，回厂还是有可能的。社长找我谈话就是一个姿态了，无奈年轻气盛的我去意已决。之后我去了电视台干临时工，听说多年之后，新来的厂长还经常对厂里的工人说：“好好干，什么地方都能出人才，孟非就是我们厂出去的！”

回顾：西藏大昭寺

二〇〇〇年十一月，大昭寺作为布达拉宫的扩展项目被批准列为世界文化遗产。“去拉萨而没有到大昭寺就等于没去过拉萨”，这是大昭寺里著名的喇嘛尼玛次仁的话，也是几乎每一个旅行者都同意的观点。

大昭寺始建于公元七世纪，建造的目的是为了供奉一尊释迦牟尼像。

有着一千多年历史的大昭寺在藏传佛教中拥有至高无上的地位。

信仰的力量。

大昭寺内的双鹿护法轮，相传释迦牟尼第一次布道时没有一个听众，只有这两只鹿在一旁静静地聆听。

回顾：布达拉宫

说到西藏，人们自然会想起布达拉宫。这座规模宏大的宫堡式建筑群，不走到它跟前，你是永远无法想象它的宏伟与高大。

布达拉宫，走到它近前让人肃然起敬。

初到西藏的人爬布达拉宫的台阶时最好走慢点儿，高原反应会让很多人喘不过气来。

从大昭寺的金顶上远望布达拉宫。

回顾：拉萨河边鲜为人知的卓玛拉康

我在拉萨的最后一天，四川大老乡王强带我去了拉萨河边的卓玛拉康。

拉萨河发源于念青唐古拉山南麓，向西南流经拉萨市，至曲水县汇入雅鲁藏布江。

我和卓玛拉康的堪布丹增（右）以及他的助手丹巴。前不久丹增在这间屋子接待了参加“西藏和平解放60周年大庆”的习近平副主席，背后的墙上挂着胡锦涛主席送的锦旗。

卓玛拉康位于拉萨市西南三十千米的曲水县聂塘区，是为纪念孟加拉高僧阿底峡所建。

著名孟加拉高僧阿底峡应邀到拉萨传教弘法，后长居此地，直至圆寂。弟子们为表纪念，于此建寺，俗称聂塘寺。

回顾：念青唐古拉山

在去纳木错的路上，车一直行进在念青唐古拉山的南麓，这是早在中学地理课里听过的神奇山脉，第一次离我如此近切。

海拔七千一百六十二米的念青唐古拉峰。

当一列火车沿青藏铁路向西开过来的时候，我不知怎么一下就想起了歌曲《青藏高原》的各种版本的 MTV。

牧民赶着羊群在雪域高原上放牧的情形，我已经很多年未见了。

回顾：纳木错

一路上我都陶醉于念青唐古拉山的壮美，可当我们到达纳木错的时候，我惊叹了——世界上竟然还有这么美丽的高原咸水湖。

湖滨牧民说因湖面海拔很高，如同位于空中，因此又叫纳木错为“腾格里海”，意思是“天湖”。藏语中，“错”是“湖”的意思。

洁白的雪山、五彩的经幡、湛蓝的湖水，这样的组合只会出现在西藏。

第四部分 走进电视台

从印刷厂出来之后，我妈看我无所事事，整天在社会上混着，痛心疾首，就想让我去电视台打点儿零工。对此我非常抗拒，一方面正是叛逆的年纪，另一方面毕竟爸妈都在电视台，在那里当临时工实在有些丢脸。但我妈一直苦口婆心地劝，说你就先去干着，你看那谁谁谁、谁谁谁不都干得挺好的嘛。我被说烦了，也闲得皮痒了，反正也看不到什么希望，在没什么招聘也没什么指标的情况下，就去了电视台干临时工。只想混一天算一天的我从此走上了“电视不归路”，从摄像到记者到编导到制片人再到主持人，电视台的活儿，除了领导岗位之外，我几乎都干了一遍。

十一、打杂

刚开始在台里当临时工，基本上就是打杂，干那些正式工不干或不屑干的活儿。每个电视台都有一些临时工干了很多年，虽没编制，但还一直干着。

我刚去台里的时候，干的是临时工当中最低级的杂活儿，通常都是接电话，给摄像机电池充电，扛背包机、三脚架之类。外出干活儿的时候，我就一路拎着摄像机，老摄像要拍的时候，我把机器递过去，人家拍完了，我再接过来继续拎着。跑一个月腿，工资和在印刷厂差不多，也是三百来块钱。不过，因为父母都在这个单位，我也比较勤快，所以大家对我都还比较好，有活儿都喜欢叫上我，活儿多了，钱就多起来了。

其实，纯粹打杂的日子没有太长时间。这期间，跟着老摄像拍片子，我也慢慢地学，没多久就学会摄像了。电视台的活儿里，摄像是最容易上手的，就看有没有人给你机会。老摄像们大多对我都不错，每当他们拍的镜头差不多够了的时候就会把摄像机交给我，让我随便拍点儿。慢慢地，编辑在剪辑的时候发现我拍的镜头还能用，到了下一次，老摄像就又多给我点儿机会拍。再后来，一些不那么重要的选题，编辑们干脆直接让我去了——这就意味着，我可以独立拍片子了。再后来，通过跟在编辑旁边看剪片，剪辑我也学会了。最后，摄像、剪辑、写稿、配音，这一套活儿不到一年时间，我也差不多都掌握了。这样，我就又可以独立做片子了。

那段时间，我主要在体育组，那里摄像的活儿干得最多，包括体育赛事转播，也拍过一些小专题和新闻。记得第三届全国城市运动会在南京举行的时候，我拍的几条片子还在省里得过好新闻一、二、三等奖。这对于当时的我已经是巨大的荣誉了。

在我的临时工生涯中有一个重要事件，那就是一九九四年夏天，有一部纪录片叫《西域风情》，是当时文化部下属的一个公司投拍的项目，当时摄制组到台里来找摄像。老摄像们有的因为台里有栏目走不开，有的嫌时间太长，又在新疆拍摄，嫌苦不愿意去，而我是又能拍片子又肯吃苦又自由的人，就进了那个摄制组。

现在看起来，《西域风情》那个摄制组是个标准的草台班子。导演很懂新疆，但不太懂电视，三个摄像当中，一个是南京电影制片厂的，另一个是电视台的老摄像，还有就是我，当时我二十三岁。

其实片子拍得并不算好，只是拍这部片子给我留下了特别重要的一段回忆。我们在新疆一共拍了三个月，要跋涉于高原、沙漠、冰川，拍摄条件非常艰苦，另外两个摄像都是分别参与了一半，我是唯一一个从头拍到尾的。当时我跑遍了全新疆，行程三万多千米，以至于相当长一段时间里，我对新疆的地理比对江苏还熟。

十二、成长

《西域风情》总共拍了三个月，从新疆回来的时候，我头发长得扎上了一个小辫儿，络腮胡子一大把，基本上就是相当长的一段时间里装逼艺术家们的统一造型，区别在于我那是条件所逼，因为在新疆拍摄和生活条件都太艰苦，没地方也没时间理发，真不是为了“装13”。

回来后歇了大半年，一九九五年十一月，国家体育总局投拍一部中国奥运军团备战亚特兰大奥运会的大型纪录片《奔向亚特兰大》，因为我一直在体育组打工，所以我又进了这个组。《西域风情》拍了三个月，这个“亚特兰大”前期加后期一共六个月时间，简直折磨死我了。生活和拍摄条件比起在新疆好了很多，但是在制作和业务要求上难度更高，也相对更辛苦，也更磨炼人。

我参加这个摄制组，要感谢片子的项目运作人王讯，他是江苏台最早的体育解说员，对我很好，也是觉得我能力还行，就把我拉了进去。这个项目让我的电视业务能力得到了相当大的提高。

《奔向亚特兰大》这部纪录片的撰稿人有十多个，我是其中之一，同时也是摄像和编导之一。它的题材很宏大，但其实是很常规的选题，只是拍摄起来比较辛苦，为了采访遍布全国的每一支国家集训队，我们大多数时间都在路上，总行程跑了三万多千米。

我还记得这部片子一共拍了一百四十多盘素材，其中绝大部分是我拍的。本来我的任务到前期拍摄结束就完了，没想到训练局的领导看完样片后要我剪片子。我把本子看了一遍有些发愁了。这个纪录片的撰稿人群体集中了当时中国体育界最顶尖的一群人，包括中国足球报社总编杨迎明、现在的中新社总编章新新、人民日报社的缪鲁、新华社的杨明、解放军报社社长孙晓青。因为这群大人物都是搞文字的，他们写的是很文学的稿子，往往不考虑画面。他们的稿子里经常有大段优美的文字旁征博引，写得像体育史一样，看起来很好，可我上哪儿找画面呢？虽然可以借用一些史料性的资料画面，但制作时间和经费都有限，怎么办？后来，我提出让每个撰稿人按电视要求改解说词。

年轻时我很为这事儿陶醉——我一个江苏台的临时工，让人民日报社、新华社的名记们按我的要求改稿！多得瑟啊！就这样，我实际上负责了这部纪录片的后期制作。这部二十六集的片子都在北京做后期，整整一个月，我一大早进机房，一直忙到晚上十二点，然后睡觉，第二天继续。一天除了吃两顿盒饭的时间，一直在昏天黑地地剪片子，想想那个时期真是熬得我够呛。

放到现在看，《奔向亚特兰大》除了具备一定的时效性和史料价值外，从整体制作水平来说，还是很一般的。但是不管怎么说，第二年这部片子还获了一个什么奖，并且这部片子拍摄和制作的经历对我的业务成长也有很大的帮助。《奔向亚特兰大》完成之后，我俨然成长为一个相当高级的临时工了。

在一九九六年五月，带着一身疲惫，我奔回南京，结婚去了。

十三、“名记”

我从北京回来后没多久，就进了我在江苏台的第一个正经栏目，新创办的深度报道类新闻栏目——《都市传真》，开始了真正意义上的新闻生涯。

❶ 文笔得到公认

从《奔向亚特兰大》组回到台里，我进了江苏台二套《都市传真》栏目，在这个新闻专题栏目组，拍摄、编辑、写稿、配音，我都自己来，一个月忙下来工资有一千七八，比起当年干临时工饥一顿饱一顿的状态，简直好到天上了。更重要的是，我到了该栏目后不久，从临时工转正成了记者，从此结束了在江苏台低人一等的生活。当上了体面的记者之后，我整个人都精神多了，社会责任感空前高涨，陆续做了一些相当有影响的报道。一下子，我就找到了一种做名记的感觉。

那时，凡是有重大题材，主任几乎都点我去做。一九九六年亚特兰大奥运会闭幕当天，台里要推出一个三十分钟的回顾本届奥运会的新闻综述。当时我们是一个社会新闻栏目，不是体育栏目，领导把这个活儿交给我的时候离闭幕已经没有几天了。

一分钟片子的解说词是二百二十至二百五十个字，三十分钟的片子差不多要写七千多字的稿子。当时中美关系正处于低潮期，亚特兰大奥运会中国代表团的接待规格都被降低了，根据上面“要找美国的毛病”的要求，我疯了一样地找资料，把奥林匹克公园爆炸、交通混乱、比赛延时、裁判误判等属于“《新闻联播》后十分钟”的内容都翻了出来。接下来，就是甩开膀子写解说词了。我还记得，那天晚上知道要大干一场，写之前我喝了点儿小酒，小睡了一觉，晚上十二点多起来，一直写到快天亮。写到最后一段的时候，我简直文思泉涌，就嫌手没有脑子快了，而且越写越觉得牛逼，自己都被自己的文字感动了。最后，我一气呵成写了二十多页。写完之后，取名为“召唤英雄”——亚特兰大奥运会会歌的名字。

到了奥运会闭幕当天，我的这部专题片如期推出。直到今天，我都记得那段气势磅礴的结尾，从伯罗奔尼撒半岛上的古希腊开始，综述本届奥运会的得失，最后讲到人类的光荣与梦想，结尾配上高亢华丽的主题歌《召唤英雄》，我和我的同事，包括绝大多数时候都麻木不仁的审片领导都看得相当激动——事实上，那段片子无论什么时候看，我都会激动得起一身鸡皮疙瘩。

七八年之后，有一次我们一帮岁数、经历都差不多的同事一起喝酒，忆往昔峥嵘岁月稠，有人就说起了《召唤英雄》，说这部片子在编辑部被很多人拿出来放过，特别是最后那段，他们中竟然还有人记得其中的解说词。对于这部片子，台领导也很满意。有领导评价我说："孟非的片子电视手法很一般，但稿子写得还行。"这个评价还是比较实事求是的，也符合我的自我评价。依靠技术的事情我几乎都不行。

❷ 玩儿画面也还行

一九九六年至一九九八年前后，江苏台有两个栏目互相较着劲，一个是《21 点》，专门做人物专题的，一个是我所在的《都市传真》，专门做新闻事件。这两个栏目的领导都是广院科班出身的，而且还是同学，是当时江苏台最有希望、最有朝气的学院派代表，各自领着一帮江苏台年轻有为、不甘于混吃等死的人在做节目，其中很多都是没有身份，但有点儿想法的临时工。

我的这个说法是有根据的——当年《21 点》的主任陈辉现在是江苏台副台长（也当过我的主任），《都市传真》的主任张红生现在是江苏台电视传媒中心副总裁，当年他们带领的那帮人现在大多在台里已成为师长、旅长级别的人物了。

从实力上说，《都市传真》的整体编导能力相对要弱一点儿，《21 点》文艺一些，电视表现手法也比较多。两个栏目的主任同在一个办公室，我的主任常常当着《21 点》主任的面骂我："为什么你每次都要写那么多词儿？每次都写十几页干什么？做电视，要多用同期声！懂不懂？"我不敢辩解，连声说："好好好，我去改。"每到这时，《21 点》的主任总是跟我的主任说："你知足吧，我那边的人就是不会写稿子，稿子从来没有人能写到第三页！”那帮人都受了当时央视《生活空间》的影响，爱用长镜头，基本都是同期声，一条片子写不了两句词儿，感觉特纪实、特文艺那种。我心里想：我们是新闻节目，我不是文艺编导，搞那一套干吗？

一九九八年南京下了一场大雪，也是那年的第一场雪。下雪那晚，主任给我打电话，让我第二天做一条片子。挂掉电话后，我觉得机会来了，要改变一下领导对我的成见。

第二天一大早我就出去拍片了。我拍了很多阁楼上积满了雪的小窗户、静静的雪花在空中缓缓飘落的空镜头。整条片子有十分钟，没有一句解说词，只有画面、现场声和音乐，再加上简短的字幕，但是整个城市在这场大雪之后的变化和现状，都体现出来了。我用字幕交代：几点几分某菜市场，然后完全用画面和同期声记录买菜的人、当天蔬菜的供应和菜价的情况。接着字幕再交代：几点几分某学校，学生正常到校。之后字幕又交代：几点几分某敬老院，老人们在房间里围着温暖的火炉，等等。

那片子在现在看来没什么，但在十几年前还是挺让人耳目一新的。我的领导看了之后很喜欢，也有点儿惊讶，后来把这条片子送去评奖。不过，毕竟不是什么重大题材，没有太大的新闻价值，没评上。对这样的结果，主任平时经常骂我的劲头又出来了：“他们懂个屁。”

十四、迟到一年的公正

一九九六年，江苏发生了新中国成立以来第一起企业状告消费者协会及工商局的案子——三得利啤酒起诉扬州市消费者协会、扬州市工商局。本来消协是为老百姓维权的，结果三得利啤酒把它和工商局都告了。这本身就很有新闻价值。对于这起诉讼，江苏省工商局很重视，他们请我们台派人到扬州报道庭审。自然，他们也希望媒体能站在工商局方面说话。

按照主任的意思，我只要去拍庭审，报一条消息就行了，但去了之后我发现事情比想象的严重。原来，连云港三得利公司的啤酒品牌叫王子啤酒，在扬州地区，特别是兴化、高邮一带卖得很好。当地的地方保护主义严重，扬州的啤酒企业一直想把王子啤酒挤出扬州市场，就找当地消协搞了一个“啤酒口感评比”。结果，扬州地产的啤酒分获一、二、三名，排名最末的则是蓝带啤酒和王子啤酒。随后，扬州当地的媒体配合这一结果进行了报道，有一篇报道中还特意提了这样一句：王子啤酒名落孙山。

这个报道一出来，王子啤酒在扬州的销量大幅下降。三得利公司被激怒了，把评选活动主办单位之一的扬州市消费者协会、扬州市工商局给告了。在法庭上，双方律师都很厉害，法庭辩论长达三小时。一般来说，这种案子庭外调解的可能性很大，不太会当庭宣判。结果出乎意料，扬州中院当庭宣判三得利公司败诉。

宣判完了我本来就该回去了，但凭直觉，我认为判决可能有问题——虽然我是第一次接触类似的法庭诉讼。我马上给主任打电话，把事情的经过及我的判断说完之后，希望他再给我三四天时间，到连云港、高邮和兴化三个地方调查一下。主任回我“有把握你就去”。

带着一个老摄像，我首先去了兴化。兴化是这次口感评比后王子啤酒销量下降最大的地方，当地的经销商向连云港总部报告之后，三得利方面才感到事态的严重性，也才有了之后的诉讼。在兴化，我了解到了很多第一手情况。之后我又去了高邮。在高邮我调查了当地销量排名第一的国王啤酒。我很好奇为什么叫这个名字，很多当地人都给了我一个统一而有趣的说法：因为当时连云港的王子啤酒卖得最好，当地啤酒要打垮它，所以叫国王啤酒。

随后，我采访了很多经销商和市民，了解到当地经销商只要进国王啤酒就可以享受很多优惠政策，而经销王子啤酒则有政策限制。比如国王啤酒可以退瓶，两毛一个，王子啤酒不能退瓶。别看这小小两毛钱，对于老百姓来说却是很实在的，一个夏天喝下来，也不少啊。这显然属于地方保护了。这么一来，当地就没有人肯经销王子啤酒了，也没有人喝王子啤酒了。

采访过程中，我没有通知当地政府，没想到我们在高邮街头转了不到半天就接到了通知，高邮市市委宣传部部长已经坐在我们住的宾馆里等我了，要和我谈谈，而且还知道了我的名字。躲是躲不掉了。见面之后，宣传部的领导对我说：“小孟啊，政府要扶植地方企业嘛，你们的报道要客观啊！”我说：“一定客观，一定客观，错不了。”

离开高邮，我又去了连云港。到了连云港我才知道，王子啤酒厂是一家大型合资企业，是当时江苏唯一一个进入欧洲市场的免检啤酒品牌。和它相比，之前我在国王啤酒厂，还看见老鼠在车间里跑。后来我查阅了很多政策和法律文件，了解到一个重要背景，就在扬州搞啤酒口感评比活动的一年前，中央办公厅和国务院办公厅就下发过文件，禁止地方政府对企业进行一切评优、评奖、评比、评选活动。这些评选活动就是地方保护主义滋生的土壤，也是最重要的手段。扬州搞的这次评比及报道显然违反了中央文件的要求。

采访中，扬州方面也做了一些辩解，说那只是口感评比。我反问他们：“口感评比是不是评比？”实际上，酒类的评选依赖三大类指标——微生物指标、生理生化指标和口感指标。前两大类指标要通过仪器来测试，只有口感指标依赖人的主观判断，但做口感判断的必须是有资质的品酒师。而扬州搞的那个口感评比，却是他们自己张罗来的群众评出来的。三得利公司能不告吗？扬州中院判决一出来，三得利公司立刻上诉至江苏省高院。

在做了充分调查，掌握了一大堆证据后，我做了一条时长为四十分钟的新闻调查。领导看完后犯难了，按照宣传纪律，已经判决的案件，没有改判之前，媒体不能再作报道。为此我又找了时任省人大常委会法制工作委员会副主任的刘克希，他看完片子后，除了支持我的观点，还从法律角度保证了片子没有问题，并愿意以自己的职务身份接受我的采访。两天后，为了争取片子能播出，我请刘主任专门找到当时我们的分管副台长，确认我的报道在法律上没有问题。台长客客气气地接待完刘副主任之后，回头丢给我一句话："高院判决没有出来之前，片子不能播。"当时我年轻气盛，脑袋一热，向台长保证："我拿饭碗为这条片子担保，如果高院没有改判，我走人！"台长安抚我说："你把片子先存着，等高院判决出来，如果跟你判断的一样就播，跟你说的不一样，你也不必走人。"还有就是"你还年轻啊"之类语重心长的话。

当时我很沮丧，但又没有办法，这条新闻调查一压就是整整一年。一九九七年冬天的一个晚上，时间很晚了，我突然接到三得利公司董事长徐寿可的电话，他激动地跟我说："今天下午江苏省高院驳回了扬州中院的一审判决，我们胜诉了！"第二天一早我找到台长，报告了这个结果。台长笑了："你小子行啊，那条片子今晚播吧。"为确保无误，我又把片子调出来认真地看了一遍，四十分钟的片子，我认为没有一个镜头和解说词需要改。最后我只在片子前头加了一屏字幕：这是一条迟到了一年的报道。

随后我把片子要播出的消息通知了三得利公司，据说连云港市市政府当天还组织了收看，影响很大。

我和三得利公司素昧平生，那个拍了半个月、等了一年的报道结束之后也再无往来了，当时我顶着压力做这篇报道就是凭着一股社会责任感。

十五、轰动一时的报道

三得利啤酒的案件报道后，我深刻感受到媒体的力量和记者的社会责任感与专业判断有多么重要。而《都市传真》正好给了我发挥这种能力与责任感的平台和机会。

一九九七年的五一节，我正和家里人在包饺子，突然接到一个电话，说有一个小孩儿被继母虐待，已经被打得送医院抢救去了。我立刻喊上一起做三得利啤酒报道的那个摄像，火速赶到南京军区总医院。

那个被打的孩子才六岁，被打得肠子都断成了三截，肚子上插了好几根管子，脸色惨白，奄奄一息。孩子特别懂事儿，再疼也不哼哼，也不哭，躺着什么话都不说，同病房的人看了直掉眼泪。从小孩儿的外婆那里得知，孩子叫鲍洋，是双胞胎中的一个。父母离婚后鲍洋跟了爸爸，结果那个打流混世、靠女人过活的男人，又找了一个很厉害的女人。那个女人经常虐待鲍洋，最后把孩子打成了肠穿孔。

从医院出来，我去了孩子住的地方，位于南京老城南的一个四合院。邻居们向我描述了孩子更多的悲惨遭遇——继母有时连水都不给喝，孩子渴极了就喝雨水或者邻居放在院子里的盆里的脏水，而且三天两头挨打，等等。采访结束后，我没有回家，直接就去台里剪片了，同时向主任报告采访的情况。《都市传真》的一档专题新闻，从前期到后期完成大约要五六天时间，主任听了我的汇报后，立刻调整播出计划，要求我两天内务必拿出片子。

熬了两夜，片子终于赶在五月三日晚上播出了，没有想到片子播出后，一下引起了强烈的社会反响，善良的中国观众大概最受不了这种报道。从节目播完一直到晚上十二点，台里的总值班电话和新闻热线电话就一直响个不停，所有电话都愤怒地谴责那个继母——后来了解到那个女人还不是继母，因为当时她根本没有和小孩儿的爸爸结婚。

当时还没有什么收视率一说，台里一般也很少接到观众的电话，通常就是因字幕打错了偶尔会来几个电话，以至于那天突然接到那么多电话，值班的领导都震惊了，不知道发生了什么事。当晚，主任又给我打了电话，说第二天要跟踪报道下去，为此还专门安排了两路记者给我。

第二天，当我赶到军区总医院时，小鲍洋的病房门口已经全是人了。护士说，节目一播完就有观众跑到医院来看孩子了，还有人当场捐钱。事情发展到这一步影响已经很大了：小孩儿的病情如何，治疗费用如何落实，有没有后遗症，打人的凶手在哪儿，如何惩处等，都是观众关注的焦点。这条报道引发了全社会的关注，我们自然要给公众一个交代。频道为这件事情停掉了另一个栏目，把时间和记者人力都抽调了过来。等到第二天节目播出后，我已经出不去了，只能待在台里写稿和剪片，让同事们出去采访、拍摄。到第四天，演变成我只能睡在单位，同事们拍回来的录像带铺了一地，剪片子的时候找镜头都要找半天。

这个系列报道一共做了四期，我还记得上字幕时，第一期职员表是记者孟非，摄像疏洵；第二期记者名字就有六七个了；第三期，记者人数变成了十几个；到最后一期，字幕几乎就是当时整个频道的人员花名册，光字幕都走了半分钟。

整个报道放到现在来看也算是成功的。我在街头采访市民，一问都看过这个报道。采访的时候很多人当场就捐款，我们一一登记，并把捐款在节目上公布了出来。结果忙中出错，最后交上去的钱和登记的钱差了一百块，我和摄像只能自掏腰包补上了。

我的主任平时审片总以骂我为乐事（他审片时骂我已然成为我们那层楼里一道亮丽的风景线。很多人觉得干了一天活儿很累、很无聊，听完主任骂我就觉得人生是很幸福的），可那次我的主任在审那条片子时竟然流下了眼泪。

最后，这个“继母”以故意伤害罪被判刑七年——后来听说，当时派出所只是准备关两天就放人的。

十六、走出低谷

《都市传真》办了一年多，那是我做记者后业务能力提升最快的时候，我的综合电视业务能力就是在那时打下了非常坚实的基础。正是有了这基础，当我坐到了新闻主播台上看片子时，我才能告诉年轻的记者，片子哪里可能有问题，才能告诉观众，我关心片子里的哪一个细节、我有什么看法。

❶ 从编导到制片人

一九九八年的时候，央视的《实话实说》、《焦点访谈》还在大红大紫，地方台也一哄而上搞谈话、采访类节目（中国电视这毛病现在也一样）。于是《都市传真》莫名其妙地停了。那个以骂我为乐的主任搞了一个新节目叫《走进直播室》。在相当长的一个阶段里他走到哪里都要把我带上，同事们都说：那是因为主任骂别人没什么感觉，不像骂你那么酣畅淋漓，主任离不开你了。于是我成了这个栏目的编导，收入虽然又提高了，但是半年才发一次工资（那是江苏电视台最低谷的时期），加上一九九七年女儿出生了，我的日子又开始过得紧紧巴巴了。

说实话，我不喜欢《走进直播室》，这也是我在江苏台参与过的所有栏目当中最不喜欢的一个。这是因为，本来我就没觉得《实话实说》有多好，更别提“山寨”《实话实说》的栏目了。当时央视一帮电视人创办了《东方时空》，里面不少子栏目我都挺喜欢的，比如《面对面》、《生活空间》。唯独同期出现的《实话实说》，我觉得那是一个评价过高的节目，尽管当时崔永元给了中国观众一点儿惊喜。《实话实说》——这个名字当时多震撼啊，但内容真的同样震撼吗？当时那批中国电视人喊出了诸如“要影响国策”的口号，但很快发现那是一个梦。

在传媒发达的西方国家，类似《实话实说》的脱口秀节目最大的话题来源无非是政治或者娱乐八卦，但在中国这两个话题都不可能放开谈。我看了几期《实话实说》，都是什么“我的收藏”、“我的左手”（弄了一批左撇子谈左撇子的生活）之类的——这种话题的“实话”又有多少价值呢？于是在《走进直播室》，我们整天找的也是诸如“城市公共厕所太少”、“打折骗局”之类无病呻吟的话题。话题定下来后，得找三四个嘉宾上节目，然后我就根据邀请的人写台本：节目分几个部分，每个部分都谈什么，话题怎么递进等。有很多次领导看了我的台本后说我：“你老毛病又犯了，你写话剧啊？”本来谈话节目就不需要什么台本，是领导非要看台本，我怎么办？

很快我发现，台本真是不用写的，因为这种节目如果请对了嘉宾，你什么都不写，人家也能说得很好，要是请的人不对，台本写得再好，节目也死定了。有一次，有个话题实在找不着合适的嘉宾，我就自己上了。主任又说：“你那么想出风头吗？”我没吭声，剪片子的时候我发现，除了自己讲的还有点儿意思之外，其他嘉宾的话我都想剪掉。就这样，我当过几次节目嘉宾，逐渐上了瘾，一来不必写台本了，二来还能多挣两百块嘉宾费。

就这样混了一年多，主任没少骂我，说我做的片子跟屎一样，但这并不能让我沮丧。让我沮丧的是，那时的江苏台财务状况糟糕到了极点，一线记者、编导们半年才能报销一次。那一年我穷得跟什么似的，口袋里永远没有钱，抽屉里永远装着厚厚一堆等待报销的发票和稿费单。一想到那个年代，再想想今天的生活，简直就是——天上人间！

终于有一天，《走进直播室》停播了，我很高兴。我被调到一个新开的体育新闻栏目干老本行——尽管我并不懂体育，但还是高兴了一阵。更让我走狗屎运的是，去了没多久，那个栏目的制片人就被提拔了，调走了，栏目组剩下的人里面就我一个是正式工，其他都是临时工。于是在领导们没有选择的情况下，我当上了制片人。

❷ 新总监高抬贵手

当了一年制片人，到二〇〇一年，台里领导班子大调整，景志刚成了我的领导。在我的职业生涯中，景志刚是彻底改变我命运的人。当时景志刚调来我所在的城市频道任总监。一来就要求所有的栏目制片人重新报名，竞聘上岗。我生性懦弱，惧怕一切竞争，也不想去竞什么聘，就壮着胆子跑去向他汇报：“景总，我现在是体育新闻栏目制片人，你要觉得我能干，我就好好干。你要觉得制片人我干不了，我还可以干记者，干记者不行，我还可以干摄像，都可以。反正我就要在城市频道待着。”他没有任何表情地听完之后，看了我一眼说：“你不用竞聘了，继续干吧。”

十七、主持生涯

从二〇〇二年坐上《南京零距离》的主播台，到二〇一〇年调到卫视做《非诚勿扰》，我干了九年的新闻主播。

❶ 主播“零距离”

那时我做的体育栏目，收视率低得几乎可以忽略不计。二〇〇二年景志刚创办了在中国电视界名噪一时的新闻栏目《南京零距离》，他把我从体育栏目调出来，去当《南京零距离》的主持人。这在当时无论对台里还是对我个人都是一个极其重大的决定。起用一个非播音主持专业的光头来主持一档直播的新闻节目，这在中国电视界是没有先例的。

用一个光头做服务类或者娱乐节目的主持人，可能不算什么，但让一个光头坐在省台的新闻主播台上，无论怎样都有点儿石破天惊的味道，需要很大的勇气和魄力。而需要魄力的地方，还在于《南京零距离》打破了地方台新闻通常最多二十分钟的惯例，它一播就是一小时，还是直播！很快台里就有人说：景志刚疯了！

一开始《南京零距离》是不被看好的——团队就是个杂牌军，所谓的新闻精英都在新闻部呢。当时“零距离”的总监不是搞新闻出身的，记者队伍中也有一多半儿不是搞新闻的，主持人最可疑——既不是学播音的，也不是学新闻的，基本上属于什么都没学过。当时让人们觉得更离谱的是，景志刚把这档一小时的直播新闻节目的时段放在了晚上的六点五十至七点五十。有人就说，把地方新闻节目放在这个时段，简直没有常识。七点至七点半是央视的《新闻联播》，这无异于放弃了一半的收视率！但事实证明他们都错了！《南京零距离》开播不到一个月，收视率就进了尼尔森调查数据的前五十名，两个月后就成为江苏地区能收看到的所有电视节目中收视率最高的电视节目，并保持了数年之久，成了中国电视界的“零距离现象”，掀起了中国“民生新闻”的浪潮。

这个故事告诉我们，受众没有天生的收视习惯，受众的收视习惯都是被强势媒体培养出来的。中国人不是天生在七点至七点半要看新闻的，是央视把《新闻联播》放在七点至七点半，所以中国人就有了这个条件反射似的收看习惯。加上全国所有省台必须转播《新闻联播》的规定，所有电视台就习惯性地放弃了这个时段。其实，如果你足够强大，敢于挑战一下，你就会发现有些貌似强大的东西其实很脆弱。至于景志刚为什么选中我当《南京零距离》主持人，我很怀疑他是在我当体育节目制片人的时候发现了我的“才能”。

当时每周一要开制片人例会，制片人要挨个儿汇报上周的工作情况，再报告下周的工作计划。我那个节目是整个频道最无足轻重的，说话也没分量，所以每次开例会，别人在说正经事儿，只有我没有正经事儿，尽扯淡，但我扯淡的时候，往往都是会议气氛最好的时候。后来他们都发现了，只要我没参加的例会，效率就一定很高。只要我在，效率一定很低，但气氛浓烈。有一次景总终于烦了，对我说："以后开会你不用来了。"我本以为他是说着玩儿的，后来他真把我的制片人头衔给撤了，制片人例会我就真的不用去了。再后来他对我说，你去"零距离"当主持人吧！我表示这个位置让人压力很大。他说，我不是在跟你商量，其他岗位都有人了，只有这个岗位还没人干。我想想嗷嗷待哺的一家老小，只能说："好吧。"

❷ 主播的感觉

虽然《南京零距离》只是一个省域节目，江苏以外的观众看不到，但是它在电视新闻行业内的影响却很大。在中国电视新闻史上，也应该被提一笔。

《南京零距离》开播不久便在业界声名鹊起，频道接待来参观的全国同行有数百批之多，有的时候一天能来好几个台。我在业内的熟人大多是在那时候认识的。《南京零距离》在业内给我带来了一定的知名度，随之而来的麻烦之一就是有些大学请我讲课，让我非常惶恐。既不是学新闻的，也不是学电视的，更不是学播音主持的，基本上我什么都没学过，我能跟人家讲什么啊？后来有大学老师告诉我，现在大学里播音主持专业使用的教材《播音主持学》，其中多处提到并且引用我的话。希望这没有误人子弟。有不少同行问我："对主播来说，从录播到直播是很大的一个跨度，你是怎么克服心理障碍的？”我说：“我没有障碍，因为我没有录播过，我不知道它们有什么区别。”

十八、他们说《非诚勿扰》

两年前在我离开《南京零距离》的主播台，开始主持《非诚勿扰》的时候，我从来没有想到，这档节目将给我带来什么。在这本书里自己评价这个栏目恐怕不太合适，自己夸自己总是不太下得去嘴。看到胡紫微女士的一篇关于《非诚勿扰》的文章，让我很感动，征询她本人意见之后，收在了这本书里。学界我倒是有几个熟人，但自己的一本小书叨扰人家总还是不大好意思，能随时开这种口的，只有南京师范大学新闻传播学院的副院长张红军了。

《非诚勿扰》录制现场。

我和黄老师是十多年的好朋友。

① 无关风月

胡紫微

跟孟非先生原算不上相识，我本人又是做财经节目出身的，要说起来，对孟非和他那红透大江南北的《非诚勿扰》实在没有任何置喙的资格。也是因缘际会吧，他突然就从众多围观群众中浮了出来，那么，就作为观众，也作为同行，对我心目中的“非诚”和孟非，说几句最肤浅的感受吧，胡说而已。

很显然，我对“非诚”是属于后知后觉的那类观众。后知到什么程度？记得在二〇一〇年元旦前后，当《非诚勿扰》栏目开播并在收视上一路攻城拔寨高奏凯歌，很快就达到“高得不像话”的地步时，这个节目对我来说仍然只是个传说。直到春节后某日，水皮先生来我主持的一个财经谈话节目做嘉宾，哈欠连连，见我有异色，忙抱歉说最近每晚看《非诚勿扰》，结果春节没休息好。好家伙！水皮是何许人呢？《华夏时报》总编辑，资深的财经评论员，平时不苟言笑，与我相识十年从未在任何非财经证券领域表露过哪怕任何一点儿兴致的这样一位严肃的前辈，竟为一档找对象的节目而废寝忘食。一叶知秋，看来，这档节目在社会中的辐射已有足够的纵深，因此，这节目也绝不只是找对象那么简单。于是，那个周末，我就加入了《非诚勿扰》的观众大军，并且就像歌儿里唱的，“从此后，便像草一样不能自拔”。

从同是电视人的角度，我也琢磨，《非诚勿扰》不容置疑的号召力到底源于哪里？毕竟交友类栏目作为一种节目形态已不少见，“非诚”也没有先发优势。不管怎样，先用个排除法吧，我感觉“非诚”和其他交友类节目最大的区别是，它本质上与风月无关。这是一个境界上的区别，也是它能够引发巨大的社会效应，并且让各种毁誉一直缠绕在它身边的幸也不幸的根源。

字典上的“风月”很浅白，清风明月，也指闲适的事，更多用于男女情爱，比如《红楼梦》里的智能儿，“如今大了，渐知风月”。节目的主题既是交友，可以想象《非诚勿扰》应该是怎样清浅的调性，一些渐知风月的男女，谈谈情，跳跳舞，各自展示一番雕虫小技并开几个无伤大雅的玩笑，宾主承欢，大幕落下。可是不然，这个《非诚勿扰》横空出世，而且一出世，就颠覆了所有人的预期：这不是一档小情小调的节目，这曾是一出直指人心、直指当下世道人心的大戏。

戏中的主角是二十四个如花似玉八面玲珑的女孩子，也有人名之为物质女孩儿，她们形貌参差，性格鲜明异常，想来这二十四个角色的设置是有讲究的，刚好可完整覆盖一个时代女性的众生相。上大学时，我修的主课是电影剧作，课上专门讲到“群像展览式”剧本的写法，当时没有“非诚”，否则十个蓝本都有了。马诺、谢佳、马伊咪、闫凤娇……围绕着她们有很多话题在似有似无的策划中渐次展开，而每期几个顺次出场的男生，则像极了几道考题，每一个人都争取代表或者说外化时下某一类型的男子，来考一考这些冰雪聪明的女孩子，了解她们的眼光，知晓她们的好恶。男嘉宾的遴选也有趣,基本上都是自己家没有但邻居家有的那种熟悉的陌生人，让你既有窥秘的好奇，又有天然的亲近。所以，一直很佩服“非诚”导演组选人的眼光，总怀疑有个眼光老辣的高人躲在后面，暗中调配每期嘉宾的出场阵容。

评价一个电视节目的成色，还有一个不太能上得了大台面的指标，就是它调动观众肾上腺素的能力有多强。它能够在多大程度上影响观众的悲欢和甚至不经头脑直接发出自肺腑的感喟，观众就会在多大程度上被它挟持或驾驭。“非诚”在这点上做得有多么出色呢？它不但成功调动了亿万受众的肾上腺素，也搅动了几乎全社会的肾上腺素。栏目中那些尖锐的来自价值观的冲突和男性女性角色的冲突迸发出了极大的对抗性，那些对于生活、对于金钱、对于性、对于事业、对于孝道、对于爱情……这些沉甸甸的无关风月的命题，在每一个周末，伴随着气场强大的主持人扑面而来。曾有一度，我甚至有种强烈的直觉，分明感觉到了在每个周末之夜，在每个开场的时刻，在收看《非诚勿扰》已成为亿万双眼睛和节目组共同预谋的某种规模超大的集体行为艺术的情势下即将开演前的那一分静寂，就像一锅沸水，在水沸之前那一刻的静寂。我们都知道，它将沸腾，只是不知道，这一次的沸腾将来自哪一滴水，这滴水将在哪一刻迸发。于是，马诺因为她的那句“宁可坐在宝马车里哭也不在自行车后座上笑”而一夜之间名动天下，就是一个很必然的偶然了。

我承认，我是很偏爱这个节目曾经的烟火气，喜欢它碰撞中的激情，喜欢它的假中见真，喜欢它直面生活真相的勇气和能力，这真相里有刺痛人心的寒冷，也有足以融化众生的柔情。当然，对一档节目的评价往往因人而异，就像《红楼梦》单是名字，就因读者的眼光而有种种不同的理解。《非诚勿扰》还是有些复杂了，因为从它里面可以提炼出的面相过多，多得有些像生活的本身。于是应了观众的种种眼光，它的某些刺目的部分就显得格外突出，于是口诛笔伐也就可以想见地“壮怀激烈”起来。而在众多道德家的肾上腺素集体亢进的压强下，不久节目组做出了合乎时宜的转型，目前看来转型挺成功，据说已经成了和谐三宝：麻将、淘宝、《非诚勿扰》。呵呵，看来，曹雪芹生在当下也是枉然。当然，历史没有如果，让风月的回归风月，时下的“非诚”已是另一番风景，我的“非诚”，不见了。

好在，还有孟非。

当一个同样无关风月却有着新闻理想的人去做娱乐节目，会是怎样？

会是孟非的《非诚勿扰》。

跟孟非先生有过一次短暂的擦肩而过。那是在孟非主持的《南京零距离》成为业界传奇的时代。大概五六年前，我正在北京电视台主持《身边》，也是一档民生节目，一年的广告费在四千万左右，一个节目组三十多人，一年能给东家交这么多公粮，干得也算是拼死拼活。但是领导想得远，让我们去一档一年能挣一个多亿的民生节目偷偷艺，那就是传说中的《南京零距离》。于是就在南方最难熬的早春三月，我们一行人赶往南京与“零距离”节目组“零距离”。因为时间安排匆忙，也是因为领导和群众挂心的正事到底是不一样的，为了赶赴江苏台的招待晚宴，孟非和我只远远地在演播室打了个照面，但是据当事人孟非先生后来称，这个面他可是没有照上的——也难怪，那时他正在备播，手里一摞稿子，一副心事重重的样子。这副样子，同是主持人我很理解，正是内心焦虑头脑忙碌的关键时刻，一会儿就直播了，谁招他他跟谁急。

看介绍，孟非主持民生节目非常受欢迎，据说初试啼声就赢得南京市民的满堂喝彩。因为不上星播出，无缘得见。但是，看了孟非主持的娱乐节目，可以想见他做新闻的好。好的新闻人，都是很会问问题的人，因为问题提对了，离答案就不远了。而孟非对男女嘉宾的提问，往往很对，而且带着自己的立场，有一种不动声色的主观性，并靠着它把握住了现场微妙的平衡。比如，对某个一贯挑剔的女嘉宾，孟非会问：“你嫌前一个男嘉宾个子矮，换了个个头高的你说他不能逗你笑，这位逗你笑了你又嫌人家工作不理想，你选择男朋友有没有一个固定的标准呢？”这个分寸在孟非手里，话很直接，却没有攻击性。尤其在嘉宾发言尺度过大的时候，等着看孟非如何收拾局面如何圆场曾是我的一大乐趣。

好的新闻人，都是很会总结和概括的人。忘了哪一期了，反正看到一对小年轻最终牵手成功感动到不行大肆飙泪时，镜头目送两人缓缓从前景走入后台，明显是为了缓和当时现场的情绪，这时的孟非即兴独白了大约一分多钟，一段长长的贯口，几乎一字未错，像背过一般流畅，内容恰当，情真意切。当时确实有点儿惊着了，心里有了口里就到了，几乎没有时间打腹稿，这种千钧一发之际的张口就来，作为主持人，我得承认我做不到，而且估计我视野里的主持人能做到的，两个巴掌就数得过来了。所以孟非说他高考语文一百二十分，我真信。

好的新闻人，跟人与事总会有着恰当的距离感。我相信这也是孟非主持《非诚勿扰》最迷人的一面。台上越热烈，孟非越冷静，话少，看不出什么表情，有时候甚至有点儿旁观者的感觉，有点儿“与我何干”的感觉。这是哲学家和文艺女生最钟爱的气质——一种疏离感。疏离是一种很奇妙的存在，尤其是在“非诚”这种水深火热的气氛里，主持人的疏离，恰似在沸腾的油锅里加了一滴冷水，这种情形，可以想见是会引来多么热烈的回应。当然，现在的孟非气场依然强大，只是话多了，也更突出亲和的一面，但是私下里我总是不免有些小人之心的揣度：这些表达中有哪些是真的直抒胸臆，有哪些是不得不说，或者不得不如此说的呢？

好的新闻人，还必须有一个禀赋，就是要有让人交心的能力。有的人就是这样，你天然地觉得可以对他不设防，三言两语过后，就可以跟他过很深的话。我没有跟孟非先生说过话，但直觉，他应该是那种可以交心的对象。因为这样的人往往有一个特质，就是真的诚恳。即如张爱玲所言，因为懂得，所以慈悲。我也坚信这是为南京市民的生活守望了这么久奔走了这么久的新闻人孟非所坚守的那份慈悲。

所以说，一个民生节目出身的主持人，做娱乐节目，总是有些不同的。

当然，在八卦了孟非先生的一些人生经历之后，更加觉得“非诚”这样一档婚恋节目真的非孟非不可。听说孟非是一位专一深情的好丈夫，应该也是一个对女儿一腔柔情的好父亲，在他接受的不多的几次采访中他反复强调，自己过的是平常日子，一家人都非常普通。看得出来，他在刻意保护自己的家人，让巨大的名声和必将与之相伴的种种风雨尽量隔绝，也在刻意维护自己平常心的那份坚持。这真是非常聪明的一种态度，是可以让自己走得更远的一种态度。孟非不是衔着金钥匙出生的幸运儿，所以我想他对于生活和芸芸众生总会有自己的体察和领悟，所谓人同此心。你看，不管征友来的男嘉宾有多大的身份上的落差，孟非经常会以兄弟相称。一句“兄弟”，让节目也平添了一分曾经沧海的男性气质。

话说回来，一位堪称理想的男人的典型，这样的珠玉在前，又怎能不让《非诚勿扰》每期都在尖叫中开始，在惆怅中结束呢？

最后说一句，跟孟非，这个到现在还没说过一句话的同行的缘分。那是在去年的这个时候，在“非诚”偶临小吉的时刻，我的一篇拙文，偶入孟非先生法眼。所以说，是文缘。与这部书的缘分，也来自这篇记录了当时情境的小文章，现在看起来，虽时过境迁，但是还能隐约看出一个观众对于她所钟爱的《非诚勿扰》的那分不舍和守望。录在最后，以为念。

❷ 本色孟非

张红军

接到孟非的电话，让我为他的新书写一篇短文，评价他和《非诚勿扰》栏目。我欣然接受。但是挂了电话，心里却犯了嘀咕。说实话，尽管这些年来和孟非交往还算密切，但《非诚勿扰》节目我却很少看——不是不喜欢，而是已经养成了不大看电视的习惯。不过转念一想，凭着我对孟非的了解和对早期《非诚勿扰》的印象，加上这两天恶补一下最近期的节目，应该不会有什么大的偏差。

我跟孟非认识已整整十五年。自二〇〇一年他主持《南京零距离》成名之后，我曾在各种报纸杂志上看过很多写他的文章。印象最深的是"励志篇"：奋斗史、励志小说范本、人生励志剧，云云，甚至还有"青蛙变王子"之说，实在是让人哭笑不得。

我理解一些记者和写手们"提炼主题"的苦心和"读者本位"的技巧，但我总觉得，那些文章中"合理想象"的成分太多、太过。孟非成名前的生活远没有文中描绘的那么艰辛和痛苦，他的成功也绝非"超越自我"、"奋发图强"的结果。在我看来，从默默无闻到光芒四射，从"孟记者"到"孟主播"再到"孟爷爷"，十五年来，除了不同岗位的经验积累和不断丰富的人生阅历，孟非从来都是这个孟非，本质上说他从未改变过自己，一切都是顺其自然，水到渠成。只不过，不同的平台为孟非提供了发挥他不同长处的机会，而《非诚勿扰》，是这些平台中最能体现孟非本色的一个。

本色之一：睿智幽默、真实自然

就我熟悉孟非的这十五年，睿智幽默始终是他魅力的源泉，这也是他最终踏入“娱乐圈”并在全国一举成名的首要因素。

在孟非的微博中，很多粉丝直言不讳：看《非诚勿扰》就是来看孟非的。有网友还在网上开出《幽默孟非》的专栏，专门收集孟非在节目中的幽默语录。的确，在每一期《非诚勿扰》中，孟非的睿智幽默都是信手拈来。

仅以二〇一一年六月十八日、十九日的《非诚勿扰》为例：“……所以我觉得我们《非诚勿扰》的服务功能不仅仅是相亲，还有‘催婚’的功能”、“你到超市打酱油也穿成这样啊”、“在传媒大学学工商管理，出来都当台长啊……我们先认识一下，留个好印象，谁知道呢？对不对”、“请四号‘运动员’发表获奖感言”、“我少说她两厘米，你（乐嘉）非要说她一米九二，一点儿都不善良”、“你刚才那段英文说得特别好，因为我听懂了！那什么你把那个中文意思说一遍，我看你说得对不对”……尽管我尽可能一字不落地用文字把这些话复述出来，但其效果显然与节目中的相去甚远。究其原因，除了缺乏节目中的语境之外，更重要的，是缺少了孟非说这些话时的语态和表情——语气的变化、挑动的眉毛、一脸的坏笑……他的幽默甚至要“飞一会儿”才会被大家体会。

在同一期节目中，乐嘉说有一个母亲教育孩子的方式是让孩子自己去体验，比如通过吃辣椒来体会辣的滋味。这时，一直跟他“持不同意见”的孟非坏笑着跟了一句：“也有的人经常告诉孩子，二百二十伏的电是不能碰的。”

我一直认为，孟非诙谐幽默的本事是天生的，至少在他成名前多年就已经展露无遗。如果你穿越到二十世纪九十年代的江苏电视台二套（城市频道的前身），推开一个办公室的门，看到一小堆人围坐在一起，津津有味、哈喇子直流地听着一个人白话，一般来说，

《非诚勿扰》录制现场。

那人一定是孟非：

只见他衣着光鲜，打扮得一丝不苟，头上或是戴一顶棒球帽，或是干脆露着亮堂堂的脑壳，正用纯正的南京话绘声绘色、滔滔不绝地讲述着他自创的“段子”（很多都是他自己的经历）。每当人堆中发出阵阵爆笑，他便趁机悠然地吸上一口“万宝路”，在众人急切的目光和催促声中继续刚才的故事，直到曲终人散大家满意而去。

有时候，突然的工作任务会打断这一过程，或是让少数人错过，于是总有一些人要求他事后补上。而实际情况是，每次“重播”的效果都与“首播”相差无几，甚至还因为偶尔的插嘴让整个流程变得更加充满“抓人”的力量。而此时，对那些已经听过的人来说，听“重播”的乐趣不仅在于重温听故事本身带来的快乐，而且还多了观察别人大笑的机会。个别小兄弟还会在孟非抖出包袱之前提前发笑，每当此时，孟非总是停下来，把大家的目光引向正张嘴大笑的某个人，而这时，又会带来无数的笑声。

孟非的睿智和幽默给人以真实自然的感受，而这又恰恰是因为真实和自然一直是他所追求的。不论是在《南京零距离》还是在《非诚勿扰》，不论是在工作时还是在生活中，孟非讨厌虚假和做作，讨厌“端着架子，故弄玄虚”。“没有感受的话不要说；不能让自己感动的话，不说。我要写这个东西，至少要说服自己。……我说的，起码应该是真实的。”将他当年那句当新闻主播时说的话稍作改动，就可以看出《非诚勿扰》中他的幽默缘何会真实而自然。

本色之二：旁征博引、表达精准

在孟非诸多的“被励志篇”中，都经常提到他的高考成绩。据说当年他的语文成绩仅次于江苏省文科状元，而数理化三科总成绩却不足一百分。高考落榜，只说明他理科太差了，而他的语文水平，却比当年大多数考上一流大学的同学都要高出不少。在《南京零距离》任主播时，每天的《孟非读报》都是他自己动手完成的。每天一千多字，单是写出来就已经不简单，何况节目还成为收视率的最高点！没有点儿“真功夫”，没有优秀的文学功底，是绝难做到的。

在各种文体当中，孟非最擅长的是杂文。他的文章不仅言语犀利、泼辣老到，还旁征博引、妙语连珠。不论是正论还是杂感，立论或是驳论，总是有理有据、切中要害，给人以痛快淋漓、恰到好处之感。至今，孟非的博客中还时常出现此类精妙的时评文章。

扎实的文学功底，宽广的知识面，使得孟非在《非诚勿扰》中经常旁征博引、左右逢源。比如当一位自称作家的男嘉宾说“鲁迅说过，走自己的路，让别人说吧”，孟非接道：“这句话好像是一个叫但丁的人说的，鲁迅只说过：世上本无路……”当一位美国男嘉宾背毛泽东的诗“卡壳”时，他会悄悄地提示他……这样的例子，恐怕孟非的粉丝们不胜枚举。然而，孟非的旁征博引却没有让人产生“掉书袋”的感觉，相反，他的表达既通俗又精准——精准见功底，通俗是追求。

在二〇一一年六月十八日的《非诚勿扰》中，当一位男嘉宾因为开了一个玩笑被误解而失败退场后，乐嘉对孟非说了这么一句话：“很多人在表达幽默感的时候，经常会被别人曲解……你每次说话，都能非常精准地传递你极其细微的那些幽默感，你是怎么做到的？”节目中孟非没有回答这问题，显然乐嘉也不是真想要问出个究竟来，因为这毕竟不是可以简单复制的能力。

我的一个同事，一位六十多岁的文科教授曾感慨地跟我说过：“孟非的表达能力太强了！同样的感触，他总是能以最精确、凝练的语言表达出来，一语中的。换了我，意思可能也能表达出来，但没他那么准确和简练。”不论是在节目里还是在生活中，孟非突出的表达能力一直是我“羡慕嫉妒恨”的对象。

追求通俗易懂，让传播变得通畅无阻，一直是孟非追求的目标。他曾经讽刺过故意把话说得让人听不懂的“浅入深出”型的人：“知道他们所说的‘绿色开花植物的生殖器官作用于审美主体，从而产生审美愉悦’是什么意思吗？就是‘花开了，好看’！”在《非诚勿扰》中，“他的意思是说”是孟非出现频率很高的语言，这也正是他坚持平民化立场和通俗化表达的最佳注脚。

本色之三：平等交流、言行得体

我总觉得，《非诚勿扰》就像是一场目的明确的“宴请”，在主办方的精心组织下，男女嘉宾要在很短的时间里秀出自己以达到交友的目的。它既不能像朋友聚会那样恣意随性，也不能像商业谈判那样严肃拘谨。主持人既要避免可能会出现的冷场，以保持场面的活跃和轻松，又不能喧宾夺主，让嘉宾成为被摆布的棋子。同时，由于嘉宾们来自各行各业，其社会地位、人品修养、文化水平等方面千差万别，甚至每个人都可能代表一个群体的特征，稍有不慎，就有可能得罪一大片。在这种情况下，要求主持人言多不失并在笑声中把事办了，压力可想而知。

面对这样的挑战，孟非以人人平等的立场、悲天悯人的情怀和言行得体的高情商成功应对，不但化解了可能存在的不和谐因素，还在不经意间传播了健康向上的价值观。

“从刚才二十四号的表现，我们理解了四个字的含义：争取幸福！”

“这个世界上，成功对一个男人而言是一件很重要的事情，但未必是唯一重要或者最重要的事情。这个世界上还有很多我们爱的人和爱我们的人，他们在乎我们的感受，与我们是否成功无关。”

“拒绝是我们每个人在人际交往中都会遇到的情况，无论是委婉的还是直截了当的，都应该记住一点——尊重别人。”

“看起来你的运气是差了点儿，别太在意。”

……

正如一位网友所说：“寓教于乐，不是任何一个主持人能做到的，但是孟非确实一直在践行。有的新闻主播，可能只会说教，有的娱乐主持人，可能只会搞笑，而真的能将一肚子墨水喷洒得如此有格调的，目前我只知道孟非。

美国心理学家认为情商水平高的人具有如下的特点：社交能力强，外向而愉快，不易陷入恐惧或伤感，对事业较投入，为人正直，富于同情心，能认识和激励自己和他人的情绪，无论是独处还是与许多人在一起时都能怡然自得。在我看来，这些特点孟非身上几乎都有，这也正是他能够胜任《非诚勿扰》节目并提升节目品牌影响力的内在保证。

应当说，《非诚勿扰》取得成功的因素很多。诸如节目定位满足了“剩男”、“剩女”泛滥的语境下的社会心理需求；“剧情＋话题”的模式使节目节奏感强、悬念感强、现实感强、信息量大；音乐、舞美配合恰当……然而，即便不论“主持人是一档节目的形象符号”这一命题，任何人都不会怀疑“孟爷爷”的强大气场对节目的贡献。

如今，孟非的名字已是家喻户晓，单是新浪微博上的粉丝就有好几百万。有一次，凌晨时分，他发了条微博：“我没睡呢，有没睡的都来说说，这会儿在干吗呢？”半个小时之内，评论就有上千条之多，当真是一呼百应！如此盛名之下，孟非却依然能冷静超然，不失本色：“我干的每一件事都不是我的意思。我很被动，听天由命。”

正像女人“上得厅堂，下得厨房”一样，孟非最可贵的，是在红地毯上走多了，却依然能很适应地走在马路上。

回顾：峨眉山

峨眉山，四大佛教名山之一，风景很美，给我留下很深印象。

在雾气朦胧的峨眉山金顶我被困了三天。

峨眉山上的珙桐花说明。

历史悠久的卧云禅院。

清晨的卧云禅院。

回顾：龙虎山

龙虎山位于江西省鹰潭市附近，是道教名山。

龙虎山的象鼻山。

龙虎山下的溪水。

第五部分　难忘新疆

前头提到过，在一九九四年七月，我还在电视台当临时工，干着摄像的活儿，一位年轻的导演来找我，说有个去新疆的活儿，要拍一部叫“西域风情”的纪录片，可能要拍三四个月，问我愿不愿意去。当时我正跟女朋友闹分手（后来又和好了），觉得不如一走了之，咬咬牙就答应了。

就是那个决定，带给了我永生难忘的体验。新疆，成了我人生经历中不可磨灭的重要篇章。

十九、爱上新疆

提到新疆，我首先想到的是两个人。一个是那部纪录片的学术顾问——新疆大学历史系教授苏北海。据导演说，在西域史的研究领域，苏北海的学术地位仅次于学术泰斗季羡林先生。其实这些事我也不懂，就是觉得那是个传奇的老先生。

苏先生是江苏无锡人，一九四九年之前曾经是张治中的幕僚，二十来岁就进了新疆，我认识他的时候，他已经七十九岁高龄了。令人惊奇的是，这么多年他竟然还是一口地道的无锡方言，没有一丁点儿新疆口音。“文革”前后，他几次被当成“反革命”抓起来，关了放，放了关，具体关了几次连他自己都记不清了。就这样前后被关了十五年，其间还跟王洛宾在同一个牢房里关了快十年。

一个有着这样传奇经历的老先生，在我们摄制组简直就是我们随时备查的新疆百科全书。在新疆拍片期间，大部分时间都花费在了路上。在车上我曾经跟苏老请教过一个问题：新疆有个地方叫轮台，很多诗里都提到了，比如唐朝岑参的“轮台东门送君去”，再比如宋朝陆游的“尚思为国戍轮台”，这些诗里提到的“轮台”是一个地方吗？老先生本来一直昏昏欲睡，听到这个提问一下子来了精神，对我说：“孺子可教，关于这个问题，我专门写过一篇文章叫《轮台古今考》，我送你一本书，你看了就知道了！”

后来知道了，很多古诗，尤其是塞外诗都提到过轮台，不过那些诗里提到的轮台往往不在同一个地方。比如，汉朝时说的轮台和唐朝指的轮台就不同，汉轮台在天山之南，唐轮台在天山之北。此外，后来还有清朝以后的轮台以及泛指西域轮台的不同分类。苏先生所赠那本收录了《轮台古今考》的书至今还在我家里。

那一次提问之后，我对苏先生也更为景仰了，他也觉得我是一个爱学习的年轻人。后来我又发现苏先生还有过人之处——饭量。别看老先生年近八旬，可他的饭量可不比我们这帮年轻人差。那时我一顿能吃一大盘“拉条子”（新疆人对“过油拌面”的俗称），特别饿的时候吃完了能再加一点儿，但苏先生每次吃完一大盘后都要再加一小碗。

在新疆，还有一个人对我影响很大，他就是这部纪录片的导演，叫张彤，徐州人，比我大几岁，但酒量比我大很多。现在回想起来，这个导演拍电视纪录片的水平恐怕真的很一般，但是他对新疆那块土地却怀着一种不可名状的、深沉的热爱。后一点深深地影响了我。

在我刚去摄制组的时候，张导对新疆的山山水水、风土人情表现出来的向往和痴迷，让我觉得特别不能理解，甚至觉得有些神神道道的。但在结束了新疆的拍摄后，我就完全能够理解他了，我甚至觉得，我对新疆的热爱可能已经超过了他。所以，我一直把他当做我热爱新疆的同路人。

我对新疆的感觉之所以前后会差得那么大，完全是因为那块土地的历史和文化太迷人太让人震撼了，那种震撼，是作为一个旅游者永远无法深切感受到的——它是一个多民族的聚居地，有一百六十六万平方千米，占中国陆地面积的六分之一。乌鲁木齐大概是中亚地区最大的城市，在如此广袤的土地上，几十个各具鲜明特色的民族生活在一起，在那三个月里我目睹并感受到的各种民族文化的交融、历史渊源的传承以及各种罕见地貌的壮美，都是我一生中最难忘的经历。

拍纪录片的时候，我们接触了大量的不同民族的当地人，可以说，在那几个月里，我们已经融入到他们的生活里，和他们真正地生活在了一起——那年的中秋节，我就是在塔克拉玛干沙漠腹地，与克里雅人一起过的。把自己完全融入到其他民族的群体里，和他们生活在一起，用心去感受养育他们的山水和生活方式、宗教信仰，这不是一个旅游者去新疆玩儿上十天半个月便能够体会和收获的。即便是我自己，即使现在再去一次，不论以什么方式再去，也不可能有和当年相同的感受了。

余秋雨曾经说过一句话，大意是，从严格意义上讲，一个文人要想和某一片山水有灵魂上的接触，一辈子可能只有一次。从新疆回来之后，我从心底里认同这句话了。

我曾经去过德国、希腊等欧洲国家，尤其是希腊，它的历史在整个人类文明史上都有着非常重要的地位，但它也没能带给我像新疆那样的感受。当然，也许有人会说，希腊和新疆没什么可比性，那就说九寨沟、黄山吧，那里的山水美不胜收，但和新疆比，它们在我的心里仍然缺少些能触动心弦的东西。

我甚至坚定地认为，我对新疆的热爱中有某种宿命的东西，它在我的骨子里，不为人知，也很难被表达，那是一种前世今生的感觉。一九九四年七月初的一天，我从乌鲁木齐火车站出来，看到碧蓝如洗的天空下，远处是起伏的山脉，近处是黄色低矮的一片片房屋，我就突如其来有一种灵魂被一击而出的感觉，没有任何原因。

二十、喀纳斯

初到新疆，一切都让我觉得新奇和赞叹，在茫茫戈壁上看长河落日、大漠孤烟，那是我过去只在小说和诗歌里想象过的意境。到新疆半个月后，我们出发到喀纳斯湖拍大红鱼，这是我职业生涯中第一次拍摄如此奇幻的题材。

很多旅游爱好者应该都听说过，喀纳斯湖出现过一种体形巨大的鱼的传说，当地人管它叫大红鱼。关于大红鱼的故事流传甚广，几十年来，无数科考队的专业人员，带着专业设备，带着揭开“喀纳斯大红鱼神秘面纱”的梦想来到喀纳斯，但他们在湖边守候了很久，结果都是无功而返，谁也没有揭开过大红鱼的真面目。和那些专业科考人员比起来，我们就像一帮草寇，虽然只有电视台的摄录设备，但还是带着无限的期待，去到喀纳斯湖。我们很清楚，对于《西域风情》这部纪录片来说，记录关于喀纳斯湖大红鱼的传说是不可缺少的章节，我们只是需要记录一个行程，记录这里的人们关于大红鱼的讲述，我们并没有期待能真的拍到大红鱼。

二十世纪九十年代初，新疆的开放程度还很低，旅游业也并不发达，听说过喀纳斯湖的人也不像现在这么多。要上喀纳斯，头一天必须住到布尔津县。我们在县委招待所休整了一晚，第二天一大早就向喀纳斯进发了。我记得从我们住的招待所到喀纳斯，直线距离大约是九十多千米，没想到的是，那一路足足开了十一个钟头。我们当时开着的是两辆丰田 4500 越野车，车是好车不说，两个司机也很厉害。他们都是中科院新疆分院的老驾驶员，一个叫刘新生，一路上跟我关系特别好，另一个叫余建设，都四十多岁了，都是有近二十年驾龄的老司机，其中老余当年还给彭加木开过车。

一九八〇年，彭加木在罗布泊地区进行科学考察时意外失踪，留下了很多版本的神秘传说，吸引很多人去追寻真相，直到二十世纪九十年代新疆还有“寻找彭加木”的科考活动，只不过后来那些活动更多的只具有象征意义了。一路上，我们一没事儿就逗老余，问他是怎么把彭加木给弄丢的，老余每次都特别气愤地说：“我说过一百遍了，我是给彭加木开过车，但彭加木丢的那次不是我开的车，他的失踪跟我没关系！”

在新疆给我们开车的这两个司机是迄今为止我见过的最牛的司机，不仅车开得好，还会修车，而且作为科学院的司机，经常给各种科考队开车，他们也具备了野外科考的各种能力。比如，晚上需要在哪里宿营，露营地有没有可能发生雪崩，会不会发生泥石流，车怎么停才安全，一路上哪些野生菌类是可以食用的，什么样的云出现了就会变天等，都已经成为他们的本能意识和常识。对他们来说，除了发动机坏了没办法修，路途中发生什么问题他们都能搞定。而且一路上听他们讲各种见闻，对我来说也是很开眼界的事情，因为那些事情我们可能一辈子都无法经历。但即便如此，去喀纳斯湖的那一路，两个司机还是经常要一前一后停下来商量该怎么走，因为我们一路上要翻越不知道多少个山头，道路之艰险无以言表，经常开着开着就没有路了。他们之间的对话有时听起来让人毛骨悚然。比如，他们中一个会说："你去年不是来过吗？"另一个回答："我去年来的时候这个地方不是这样的。"一路上，我们经常需要停下来一起搬石头，填好路才能继续往前走。开不了一会儿，又停下来，把横在路上的树搬开。两个司机还要经常商议怎样安全经过那些大坑，想想接下来该怎么走。

在新疆的三个月经历了很多次惊险的山路，喀纳斯之行是第一次。在海拔几千米高的阿尔泰山脉上，在极其狭窄和崎岖的道路上，我们常常是手紧紧拉着车顶的把手，屁股悬空，一车的人看着窗外缭绕着的触手可及的白云，身上一阵阵冒冷汗——这要是掉下去了，可连根骨头都捡不回来。

在那样危险的路上，还经常会和迎面而来的卡车会车。眼睁睁看见白云深处缓缓冒出来一辆车，双方就对峙在了海拔几千米高的狭窄山路上。每每遇到这种情况，两位司机都表现得异常淡定。双方司机下车，走到一块儿点起一支烟，商量怎么通过。解决的办法通常是，一方想起刚刚路过的后面不远的地方有个凹进去的稍微开阔一些的地方，于是就近的一方倒车，慢慢倒到那里避让。这种时候司机们从不吵架——在那种路上吵架等于找死。商量好之后，一方慢慢地像蜗牛一样往后倒，另一方慢慢地往前开，等到了说好的地方，两车一寸一寸地交会，慢慢错开——我经常感觉到我们车的轮胎已经有一半到了悬崖外面，但每次总是安全通过。之后一身冷汗。在那样危险的山路上，只要哪一次有哪怕几厘米的差池定然就是万劫不复的惨剧，经历过无数次这样翻山越岭和这样惊心动魄的会车后，我对两位司机的景仰真如滔滔江水，绵绵不绝。

那天，我们早上九点出的门，已经翻过好几座山头了，我总是问刘师傅：“还有多久到？”他总是回复我：“不知道。”后来老刘告诉我，他基本上每年都走一趟喀纳斯，但几乎年年都有泥石流之类的情况，路况根本无法预计，所以也就无法估计时间了。

二十一、不醉不归

顶着早上的日头出发，到八九点钟天快黑的时候（新疆和内地有时差），我们终于到了喀纳斯接待站。当时喀纳斯还没有什么游客，当地也没有什么旅游服务设施，接待站的工作基本上是接待各级领导和像我们这样的摄制组以及科考队。当时到喀纳斯拍纪录片的多数是外国人，日本人居多。我们这个摄制组是国家文化部下面一个公司的项目，当时的新疆还比较落后和封闭，尤其是到了最基层的政府和牧区，只要听说是北京来的，都当你是中央来的。

我们到了落脚的地方禾木乡（布尔津县喀纳斯民族乡乡政府所在地），热情的图瓦人朋友宰羊款待我们。根据他们的习俗，宰羊之前有一个仪式，只有被念过经的羊才能吃，我们也跟他们一起，嘴里念念有词。仪式后，我们就等着吃羊肉了。这时，我们面前已经摆上了酒杯，一扎白酒哐当放在桌子上，图瓦人朋友示意我们边喝边等。按他们的规矩，一个杯子大家得转着圈喝，每次也就是倒个小二两，主人端起来敬你，你必须一口喝下去，然后同一个杯子再倒这么多，敬下一个。然后再来第二轮、第三轮……

我是第一次经历这样的场合，当时年轻，喝起酒来也无所谓，结果这样转着喝，五分钟就是一轮，一轮一大杯，很快我就倒了。本来，快要喝高的时候，我还强撑着叫对方等一会儿，等上了菜再喝。对方不明所以地问："羊嘛，宰上了嘛。"我说，羊肉上桌前有没有点儿凉菜下酒？给根黄瓜也行！对方又问："要这些干什么？"我说："喝酒啊。"对方更疑惑了："对嘛，酒在这里嘛，喝嘛。"我摆手，表示等菜上了再喝。对方又问："要菜干什么？"我说喝酒啊，对方又说："酒嘛，在这里嘛。"我急了，连比带画地说："我们，汉族人，喝酒，要吃菜，懂吗？"对方听完指着外面说："羊嘛，煮上了嘛，现在喝酒嘛。"我直接说："我们，要喝一口酒，吃一口菜。"对方思考了一下，摇摇头："为什么要这样嘛，羊肉，有嘛，先喝酒嘛。"当晚羊肉上来的时候，我们已经醉得像尸体一样躺在那里，没人爬得起来了。

在新疆的三个月，类似这样隆重的接待，大概五六天就有一次。在牧区喝酒，羊从宰到弄好可以吃，最快也要一个多钟头，而且是只有羊肉，没有别的菜。之前光是喝酒，需要喝一个半钟头，我们很少有人能坚持到羊肉上桌。后来但凡在城里的饭馆吃饭，我们就拼命点菜。

那时在新疆的一些偏远牧区，民风淳朴到连货币的概念都没有，在善良热情的牧民心里，酒喝好了，拿你当兄弟，能送你一头羊，酒喝得不痛快，就是看不起他。我们在新疆拍片，要想融入到当地人的生活里就必须要得到当地政府和当地人的配合，否则任何事情都干不了，而让人家配合的唯一途径就是喝酒。在后来三个月的拍摄中，我们对这一点感受特别强烈。无论是维吾尔族、哈萨克族、锡伯族、柯尔克孜族还是哪个民族，需要他们帮助和配合的时候，他们没有什么行政命令一说，其他一切全看酒喝得高不高兴，靠这个来衡量你拿不拿他当朋友。所以我们必须喝！到了新疆，再能喝的人，喝倒也只是时间问题。有酒量的，像我们那个导演，能坚持差不多一个多钟头，像我这样的，也就二十分钟吧。在喀纳斯之后，我们很快验证了在新疆喝酒接待的基本原则——不喝醉不结束！

刚开始，我们还总拿明天要工作、身体不好之类来推脱，结果都是“鸡同鸭讲”，人家从头到尾只有执著的两个字：喝掉！很快我就想明白了，于是彻底转变了风格。一上饭桌，酒刚倒上，主人还没敬酒，我就先站起来说：“我先敬你！”一大杯三两多就下去了。五分钟后再这么来一下，不用十分钟我就倒了，就可以回去休息了。每每这时，主人都竖起大拇指：“巴郎子，亚克西（维吾尔语‘小伙子很好’的意思）！”这就是“长痛不如短痛”的道理。在新疆我算是彻底习惯了大碗喝酒，而且都是烈性酒，一口一大碗。当时真年轻啊！

在新疆喝酒还有一个重要原则，必须时刻牢记在心的极其重要的原则，叫“两个离不开”。“两个离不开”是新中国成立以来最重要的一条民族政策，完整的表述是“汉族离不开少数民族，少数民族离不开汉族”。它在少数民族地区的重要性，相当于二十世纪八十年代的“四项基本原则”。在新疆，你可以忘了自己的名字，但绝不能把“两个离不开”忘了。“两个离不开”在新疆是最神圣的、至高无上的、不能挑战的、不可以商量的原则。我在新疆听到“两个离不开”都在酒桌上，此外没在别的任何地方听过。“两个离不开”有着无与伦比的神奇效果，每当民族干部端起酒杯问你知道不知道“两个离不开”的时候，你就什么都别说了，不管是什么，不管多少，直接喝下去就对了。

“两个离不开”不知道让我吐了多少次，以至于我的自觉性被大大地培养起来，等不到对方说“两个离不开”，我就已经倒下了。在喀纳斯的最后一天，布尔津县县委宣传部副部长托汗请我们吃饭。剧务老杜没什么酒量，已经喝了三两多了，实在喝不下去了，托汗副部长又问老杜“两个离不开”知道不知道？已然喝多了的老杜，又听到了“两个离不开”，终于崩溃了，大叫起来：“什么两个离不开，那是你离不开，我有什么离不开的？！”此话一出，我们一桌人当场傻掉，一瞬间鸦雀无声，掉根针都能听得见。在这种大是大非的民族问题、原则问题上，喝多了的老杜冒了这么一句大逆不道的话，当时我吓得大气都不敢出，头都不敢抬，更不敢看托汗副部长的脸，就只盯着面前自己的盘子看。令人窒息的沉默维持了大概四五秒钟，托汗副部长主动打破僵局：“来来来，他不喝就算了，咱们喝嘛。”我们长出了一口气，那感觉简直像碰到了一位开明君主。

不知道喝了多少，终于结束了，我们回屋休息了。我们住的地方是很梦幻的，就是前苏联电影里西伯利亚式的小木屋，用一根根很粗的整木拼成，还有树皮和青苔。地板缝隙很大，草可以从缝隙里长出来。我跟老杜住在一间屋子，进门脱了衣服就一头栽倒在床上。刚躺下没两分钟，突然门砰的一声被踹开了，托汗副部长拎着一瓶酒闯了进来，指着老杜问：“你刚才说了什么？再给我说一遍！”我的酒一下被吓醒了，心想算账等不到秋后了。老杜也傻了。托汗副部长继续说：“‘两个离不开’你再说一遍给我听听！”老杜这时也害怕了，赶忙赖账：“我没说什么啊。”托汗副部长不理他，把“两个离不开”的正确版本向他宣读了一遍，就像宣判一样，然后拿过桌上两个很大的搪瓷缸（二十世纪五十年代工厂发的那种），把两个搪瓷缸都倒满，正好半斤一杯，对老杜说：“你把它喝掉，加强一下记忆，我陪你。”说完死死盯着已经吓傻了的老杜。

当时那架势，老杜都要哭了。我心想，总不能见死不救吧，好歹也要照应一下啊。于是我满脸堆笑地说：“托汗副部长，您消消气，消消气，老杜喝糊涂了，说胡话了，您别往心里去啊。您看这样行不行，这酒咱们三个分一下吧。”托汗副部长看了我一眼，不耐烦地说：“小子，现在没有你的事嘛，你想喝，我跟他喝完了，再跟你一人一杯，酒嘛，有嘛！”我看是帮不了忙了。说话间，托汗副部长端起大缸子咕嘟咕嘟半斤酒就下去了。这下老杜更是死都躲不过去了，只能硬着头皮把半斤白酒灌了下去，很多酒都洒在衣服上了，然后一头栽倒。豪气干云的托汗副部长看着倒下的老杜，很满意地笑了，临出门前还瞟了我一眼：“你，要不要再跟我来一瓶？”我赶紧摇头连声道“不敢不敢”，然后目送英雄的背影消失在阿尔泰山的茫茫夜色中。

那个晚上，可怜的老杜差不多每隔十分钟就起来吐一次，苦胆都快吐出来了。后半夜，我睡了一觉醒来，发现老杜不在床上，推开门一看，漫天繁星的苍穹之下，在开满野花的草原上，老杜站在那里，伟人似的叉着腰，仰望星空，然后弯腰狂吐不已，直至天明。从此之后，在饭桌上，只要有人一提“两个离不开”，老杜就立刻捂嘴跑开了。

二十二、异域风情

到喀纳斯的当晚，灌了一肚子酒，连羊肉味都没有闻到，但这并不妨碍我们第二天一大早拍大红鱼的期待和兴致。我们采访了很多当地人，有小孩、年轻人和白胡子老爷爷，从他们嘴里听到了很多关于大红鱼的事，每个人都说得很玄，也不知道是不是真的见过。有个年轻的哈萨克族牧民说,大红鱼的脑袋跟吉普车的引擎盖一样大，一口就吞下一头牛。老人们又说，大红鱼其实就是龙。每个人都绘声绘色地描述一遍，出入很大，都说得神神道道的。

喀纳斯湖和禾木乡的美，是语言难以描绘的。今天人们可以看到很多关于喀纳斯湖的很美的图片，但是我可以肯定地告诉你：没有人能够用相机完全记录下它的美丽。当时我曾经很遗憾自己没有相机拍下那样的人间仙境，但今天想起来，我一点儿都不遗憾，因为任何相机和镜头都只能记录下一个局部，一个瞬间，无法表现人置身其中的感受。这也是我十几年来从未写过任何关于新疆之行的文章的原因。因为相对于那一片山水，那一段生活，我觉得任何文字和照片都一样苍白，我想将它完整地保留在我记忆中，无法与人分享。这些年喀纳斯湖成了热门旅游景点，我的感情也十分复杂，旅游的开发意味着有一定程度的不可避免的破坏。这些年我喜欢到处旅行，却不想再去喀纳斯了，我生怕破坏了我记忆中的美好。

拍摄之余，我天天跟当地的牧民待在一起。无论走到哪里，感觉到饿了或者渴了，只要看见毡房，掀帘子就可以进去，不需要认识主人，也没什么不方便的。多数毡房里，男人一般都不在，都放牧去了，只剩女人在家。随便到一户人家，不用客套，只要说要吃东西或者要喝奶茶等，女主人都会端上来。还有一点儿好处是，在牧民家吃饭不用喝酒，喝酒是很高级、很隆重的待遇，得是很正式的场合才会有。所以，在轻松的气氛下，当地人的饮食习惯让我印象深刻。

哈萨克族牧民的家里有一种看上去很诱人的油炸面团——包尔扎克。它有桃子那么大，外边一圈看上去像油炸过的，里边其实跟生的差不多，一口咬下去又生又硬，很不好吃。苏北海教授告诉我们，当年成吉思汗的部队远征时吃的就是这种叫包尔扎克的干粮。苏教授说，哈萨克牧民用油炸包尔扎克一年也就两三次，因为山里温差大，东西放不坏，所以当地人总是一炸就一大袋，然后拿它招待客人——今天有人来了，一倒倒一地毯，吃不完就收起来，过段时间，又来客人了，还是倒一毯子，接着吃。

除了包尔扎克，还有奶茶。喝之前，导演小声地提醒我们：“没喝过酥油的，最好不要在奶茶里面加那东西。”但我们还是觉得新奇，所以主人第一次问要不要加酥油时，多数人欣然答应。只见女主人拎上来一个木桶，上面盖了一层纱布，揭开纱布后我们一看，酥油居然是黑的，正纳闷不已，女主人手一挥，一群苍蝇轰的一声飞了起来，下面才是黄灿灿的酥油。接下来女主人挨个儿往我们的奶茶里一勺一勺加酥油，我们心里直发憷。后来才知道，在海拔四千多米高的地方，苍蝇的功能基本和蜜蜂一样，就是传播花粉，不像我们这里的苍蝇那么脏。

牧民家的手抓羊肉真是别提有多好了。我这一辈子除了在新疆就再也没吃过那么好吃的羊肉了。他们的手抓羊肉做法很简单，没有任何调料，就是清水里一把盐，但就是异常好吃，非常奇怪，每一顿手抓羊肉我们都吃得狼吞虎咽的。我还在一个牧民家里吃过生羊肝。那个牧民兄弟把羊宰了之后，从靴子里拔出刀（新疆的民族朋友几乎每人都带着一把英吉沙小刀，哈萨克语叫“皮恰克”），单独切下羊肝，然后在一口柴火烧得噼啪作响的大锅里，把羊肝烫一下就拿出来，很豪爽地切成两半，叉一块给我，自己一块。那种情况下我实在不好意思推辞，眼睁睁地看着血糊糊的羊肝伸到了我面前，我只能小心翼翼地问：“我要那块小的可以吗？”然后在他的注视之下，把那块生羊肝吃了下去。吃完了估计牙齿上都是血，我立马转头去找老杜要了两片治拉肚子的药。

二十三、贾娜尔

在北疆的阿尔泰山拍摄民族歌舞的时候，我认识了布尔津县文工团一个叫贾娜尔的姑娘。她是团里的舞蹈演员，那几天一直跟我们在一起。有一天黄昏时分，我吃完晚饭从毡房里出来，贾娜尔问我骑过马没有，我说没有。她说，带你去骑马吧。哈萨克族牧民家的马很高大，马背都快有我人那么高了。见我有些发憷，贾娜尔说，不怕，我带着你骑。她挑了一匹很健壮的马，把我推上马背后，她轻盈地翻身上马，坐在我背后，拉着缰绳一抖，马就在草原上飞跑起来。

我放眼望去，夏天的阿尔泰山开满了鲜花，凉凉的空气中满是青草、泥土和鲜花糅合在一起的味道，这时天空的云彩被晚霞染上了万道金光。贾娜尔骑着马带着我在山坡上来回飞奔，马跨过一条小溪时溅起冰凉的水花，弄湿了我们的衣服，我听到她在我身后发出银铃般的笑声。

一个星期后回到布尔津县，当地领导宴请我们的时候，贾娜尔坐在我边上，那一顿我喝了一斤白酒，吐了。晚上我和录音师杜晓华送贾娜尔回家，我竟然在她的床上睡着了。酒醒来的时候，他们一家人坐在我对面，贾娜尔在给我梳头（那会儿我是有头发的），杜晓华也喝多了，在滔滔不绝地说话。临走时贾娜尔的爸爸送了我们几块没有加工过的宝石（新疆产宝石），等我们一路踉跄地回到招待所，第二天却怎么都找不到那几块石头了。

算起来现在贾娜尔至少也是三十五六岁的妇人了。她肯定不会记得我的名字，但她却是我在新疆那三个月中唯一记得名字的少数民族姑娘。

二十四、死生帕米尔

完成了在北疆的拍摄，我们一路向南疆进发。在帕米尔高原上，我经历了我平淡人生中少有的惨烈和悲壮的一段。

到了南疆的时候，我们的拍摄任务已经完成一半了，我的酒量也突飞猛进。那时大概是我喝酒的巅峰状态，六七两酒下去跟玩儿一样，稍微豪迈些就是一斤，酒量大得我自己都有点儿不敢相信。其实也可以理解，跟少数民族朋友喝酒的时候，那种环境会很容易激发出男人的豪情，一说事都是民族大义。那会儿又年轻，一听这个脑子就发热，再加上大漠戈壁、长河落日的背景，酒量很容易屡创新高。

按照拍摄计划，我们要去中国最西边的帕米尔高原拍摄红其拉甫哨所，那里海拔接近五千米。据说，当年周恩来总理出访的时候，飞机凡是飞过帕米尔高原的上空，都要通过机长向红其拉甫哨所的官兵致意，多少年下来，成了一个传统。

要上红其拉甫，塔什库尔干塔吉克自治县是我们必经的休整的地方。为了上高海拔的红其拉甫拍摄，我们在县城休整了近一周。很多年前热播的电视剧《编辑部的故事》中有一集，如果我没记错的话，濮存昕演了一个迷倒戈玲的诗人，他有这样一句台词：“我要去的地方，叫塔什库尔干沙漠。”我当时很吃惊，塔什库尔干不是沙漠啊，那是帕米尔高原上的一个县城，塔克拉玛干才是沙漠！一九六三年的电影《冰山上的来客》，就是在塔什库尔干那一带拍摄的。为此，导演还专门找来录像机让我们重温了这部电影。

塔什库尔干县县城处在平均海拔四千米的高原上，氧气稀薄，海拔八千六百一十一米的世界第二高峰乔戈里峰和海拔七千五百零九米的世界“冰山之父”慕士塔格山都在这个县。那里气压低，人不舒服，闲得无聊就又想喝酒。司机老刘提醒我，上帕米尔高原酒就别喝了，能喝一斤多酒的人，在这儿喝个二三两，一觉睡过去再也没有醒来的例子太多了。

塔什库尔干县是塔吉克族自治县，塔吉克族是中国人数最少的少数民族之一，当时大概也就两万多人。由于地处帕米尔高原，常年与世隔绝，所以他们跟新疆其他民族也没有什么交流，民族单一性特征保存得比较完整。塔吉克族人大都长得非常漂亮，细看之下就能发现，他们有着典型的欧罗巴人的特征，和新疆其他民族有着明显区别。

当时县城最高级的宾馆叫塔米尔宾馆，剧组为了省钱没让我们住，我们就住进了一家招待所，四个人一间，八块钱一张床，还有一个不错的小院子。休整的那几天，我闲得无聊，想给家里写信，老刘对我说：“别写了，从这地方写封信寄到乌鲁木齐得半个月，再寄到你们南京，恐怕你人都到家了信还没到。”后来我发现，县里能看到最近的《人民日报》都是七天前的。信，也就没写了。

到县城住下的第一天晚上，几乎天天喝酒的我们，突然不敢喝也不能喝了，一下还真不习惯，想着刘师傅的告诫，最后我们决定十个人弄个一瓶酒喝喝看吧。喝的时候，我们采取了爱喝就喝、谁也不劝的政策，撇去苏老先生，那瓶酒其实是九个人喝的。就那么一两多酒喝下去，感觉还不错，大家觉得也没什么异常。第二天晚上胆子就大了，我又喝了半斤多——现在想想真是二百五到了极点，很有可能我就因为那一顿酒就永远地睡过去，长眠在帕米尔高原了。

二十五、塔吉克风俗

塔吉克族人长得美，心灵也美。塔吉克族有个传统，只要在路上看到了别人掉落的东西，就有义务在原地守着等失主回来找。如果失主一直没来，那么就以太阳下山为限，若等到太阳下山失主都还未回来找，就用石子在掉的东西周围围一圈，然后才离开。这样一来，有了一圈石子这样明显的标志，除非是失主回来，谁看到了都不会捡。听说以前经常有摄影师或者旅行者拍完胶卷后把胶卷盒扔在路边，善良的塔吉克人看到之后，以为那是个有用的东西，郑重其事地用石子把它圈起来。塔什库尔干县有一个看守所，据说最后一次关人竟然是二十世纪五十年代的事了，之后里头再也没有关过人。不是当地警察不勤快，而是那里实在没人干坏事。

在塔什库尔干县期间，我们拍摄了一场塔吉克族的婚礼。因为交通极度不便，那时塔吉克族举办婚礼是要估算日子的。在拍摄之前，我们问男方家：“新娘子什么时候到？”结果是上个月就出发去接新娘了，因为要翻山越岭走很远的路，新娘到家的时间在原计划的前后两三天都正常。所以塔吉克族的婚礼一般都提前好几天就开始，前后持续好几天。整个塔什库尔干县城也没有多少人，谁家有喜事很容易就成为整个县城的大事。于是，众多塔吉克族人聚集在一起，就跟过节一样，没日没夜地跳舞、唱歌、喝酒，连续热闹个好几天，直到新娘子来了，婚礼才算到达高潮。

塔吉克族和新疆其他少数民族一样能歌善舞，我们专门用了一集介绍帕米尔高原上的塔吉克族歌舞。塔什库尔干县歌舞团的演员们长得都非常漂亮，她们的歌舞也非常动人。有一个三十多岁的塔吉克族女歌手，在帕米尔高原上背对着远处连绵的雪山，穿着美丽的塔吉克民族服装，唱了一首非常动听的《美丽的帕米尔》，歌声嘹亮悠远，天上雄鹰翱翔，那一瞬间宛如梦境。

新疆各个民族大多民风淳朴，并且都有着自己民族的历史渊源和特色。比如，在北疆的布尔津县禾木乡时接触到的图瓦人。现在旅游业发达，美丽的禾木乡渐渐成了很多摄影师和旅行者的目的地，关于图瓦人的报道也就多了起来。而一九九四年的时候，这个部落还鲜为人知，他们与世隔绝了至少有六百年，就生活在那个美得跟仙境一样的地方。我们历经千难万险到达禾木乡拍摄的时候，图瓦人隆重地接待了我们,因为那时几乎没有人知道这个与世隔绝的地方，更少有人到那里去。

除了塔吉克族的婚礼外，我们还拍摄了不少其他民族的婚礼，比如锡伯族、哈萨克族等。很多的民族风俗我已经记不清了，并不全是因为时间久了，更多的是因为拍得太多，搞混淆了。反正婚礼都是唱歌跳舞,大碗喝酒。哈萨克族还有一种非常有意思的风俗叫“姑娘追”。对于当地人来说，“姑娘追”的性质有点儿像现在的《非诚勿扰》，是一种青年男女表达爱情的户外联谊活动。一般在婚礼、重大节日时会组织“姑娘追”。

参加这个活动的一男一女可以自由组合，活动开始后，他们分别骑马从指定地点出发。姑娘骑马在前面跑，小伙子骑马在后面追。一路上，小伙子可以尽情地对姑娘表达爱慕，什么样露骨的情话都可以大胆表达，甚至可以极尽轻薄。而到了指定折返的地点后，回程中小伙子就不许说话了，要立刻策马狂奔回起点，因为这时候姑娘会拿着鞭子在后面追着抽小伙子。鞭子抽得轻还是重，完全取决于姑娘喜不喜欢这个小伙子。喜欢就抽得轻一点儿，不喜欢或者刚刚小伙子说的话太讨厌，姑娘就会往死里抽。牧民们用的马鞭抽到身上的滋味肯定不会好受。当然，如果小伙子骑术高超，姑娘追不上，也不一定能抽到小伙子，那就只能被人占了嘴上的便宜。虽然我们听不到、也听不懂他们说的话，但知道这个活动的内容之后大家拍的时候还是相当兴奋的。组里有人开玩笑地说：“我们那儿，怎么就没有这么有意思的活动呢？”的确，每当拍摄这些少数民族的民俗和歌舞的时候，我就觉得我们汉族人既不能歌，也不善舞，相当无趣。

二十六、传说有点儿美

关于塔吉克族的起源，苏教授跟我讲了一个美丽神奇的传说。据说在盛唐时期，波斯很想跟唐朝搞好关系，就向唐朝皇帝求亲。唐朝皇帝出于恩泽天下、安抚万方的外交政策考虑，同意派一个公主去和亲——我印象中好像唐朝皇帝特别爱干和亲这事儿。消息传来，波斯马上派了一支队伍到长安迎亲，唐朝也派出了送亲队伍，两拨儿人马会合后，浩浩荡荡地往波斯进发。

送亲队伍走的路线就是著名的丝绸之路。这里打一个岔：丝绸之路上新疆的明铁盖达坂是必经之路。苏教授曾经指着明铁盖达坂前面一个非常狭窄的豁口对我说："小孟啊，唐三藏就是从这个地方出去的，马可 · 波罗也是从这个路口进来的。历史上数不清的驼队和军队都从这儿进出。"我一听，脑子嗡一下错乱了，无限感慨涌上心头。这个海拔四千多米高的地方，人迹罕至，两边壁立千仞，头顶冰川，几千年来多少历史故事就真实地发生在昆仑山的这个极其狭小的山口。而我现在走到了这个峡谷、这个山口，或许我脚下踩着的这块石头是当年某位取经的高僧、淘金的胡人、鞭敲金镫的将军曾经踩过的。我和一段波澜壮阔的历史在这样一个不可思议的地方相遇了，怎不叫人心乱如麻。

好了，再回到关于塔吉克族起源的传说故事上。唐朝的那支送亲队伍，也走到了帕米尔高原（古时叫葱岭）的一个峡谷。突然遇到前面两个部落打仗，队伍不能再往前走了。迎亲的和送亲的双方商议决定先扎营住下来，等前边打完仗再走。公主也同意了，于是在路边的一个山头上建了一座简易行宫让公主住下来。没想到，前面的仗打得没完没了，一晃几个月过去，有人忽然发现公主竟然怀孕了。唐朝和亲的公主还没到婆家就出了这样的丑事，放在今天绝对也是娱乐版头条，在当时可是要有人人头落地的。于是，凡是有嫌疑的男人，连武士、马夫之类的都遭到了严刑拷打，但审来审去，杀了不少人，还是查不到“肇事者”。最后，公主贴身的侍女说话了。侍女说：“别再杀人了，这事跟谁都无关，是太阳神干的。”众人不信，但侍女说她亲眼看见，在公主午睡的时候，窗外照进一道金光，太阳神下凡了，然后公主就怀孕了。队伍中管事的想想也没有别的办法了，只好说等孩子生下来，再看看到底是像波斯人还是像汉人。结果公主把孩子生下来，众人一看，果然既不像汉人也不像波斯人，大家才信了侍女的说法。这样一来，这支队伍既不能再去波斯，也不敢回长安，上千号人哪儿也去不了，就在当地繁衍生息——这些人就成了塔吉克民族的祖先，所以塔吉克族自称“汉日天种”。而当年公主住的地方，留下了一个著名的遗迹——公主堡。

我们有一集是专门介绍公主堡的。

车在山路上开了很久之后，我们在红其拉甫边防六连落了脚。部队听说我们是文化部派下来拍片子的，相当激动，战士们把平时舍不得吃的水果罐头和蔬菜罐头全都拿了出来。尽管我们素不相识，他们没有接待的义务，但他们的热情是发自肺腑的，真是拿我们当亲人啊。直到和这些边防官兵坐在了一起，我才明白，为什么早些年央视春晚一说起“我们向此时此刻坚守在红其拉甫哨所的官兵拜年”时，他们就会眼泪汪汪的。这个连队，满员的时候也就五十多个人，人少的时候，连长加上指导员，一共才六个人。长年累月驻守在人迹罕至的雪山高原，忽然来了一个拍电视的摄制组，怎么能不激动？

我们在六连吃了顿丰盛的午饭后准备向公主堡进发了。连长看我们设备重，派了两个战士帮我们拎东西。我记得其中一个姓王，十九岁，是陕西兵，他负责帮我扛着三十多斤重的 betacam 摄像机。在这海拔五千多米高的地方，我们走路都喘，小王竟能够扛着摄像机一路快跑。

途中我问小王：“公主堡远吗？”他说：“不远，就在那——边。”我特别注意了一下他说“那边”的声调。在新疆生活过一段时间的人都知道，新疆人说话习惯用拖音的长短来表示距离的远近，相当有趣。如果他们说“在那边”，就表示不远，如果他们说“在那一边”，表示不太远，如果他们说“在那——边”，就表示有点儿远；如果他们说“在那————边”，那就是很远很远。小王说的声调不长不短，看来还是有一段路要走的。

二十七、公主堡历险

这是我毕生难忘、绝无仅有的经历。

❶ 过河没挂掉

离开六连不久，我们就来到了卡拉奇古河边。河宽五六十米，河水从山上冲下来掀起白浪滔天，发出阵阵轰鸣，河水打着滚儿，翻着汹涌的波涛，一泻千里，奔流而下。河上有一座桥，桥面离水面差不多有十多米，桥也就一米多宽。这所谓的桥，让我想起了小时候学过的课文《飞夺泸定桥》，只是这座桥上不是“碗口粗的铁链”，而是几根比铅笔还细的铁丝。铁丝上铺着手掌那么宽的木板，木板和木板之间的宽度也是手掌那么宽，木板也不知道是什么年代的了。桥的两侧，有两条平行于桥面的铁丝，看起来是当扶手用的。一看这所谓的桥，所有人都傻了。我问小王："去公主堡还有别的路吗？"小王摇头说："没有，必须从这里过河。"他还说，河边住着一户人家，男主人已经五十多岁了，在他小的时候就有这座桥了。

过河之前小王提醒我们，桥两边的铁丝千万不能扶，铁丝很细，也很软，一扶就掉下去了。想想也对，五六十米长的一根细铁丝，能指望吗？我看着那用细细的铁丝穿起来的桥面，在帕米尔高原的风中如同秋千一般摇晃。另一个战士说："过桥时感觉桥一晃，你就赶紧趴下。我们先过，你们照着做就行，但必须是一个人过去了，另一个人才能上桥。"战士继续解释，"铁丝是软的，两个人一起过桥的话，振动频率不一样，一颠一颠的人肯定会掉下去，必须一个一个地过。"

我们一行人过卡拉奇古河的时候，谁都帮不了谁，万一有人掉下去，水流很急，尸体要在几百千米之外才会冲出来。随后，在我们惊讶的眼神中，两个战士拎着我们的设备、器材，噌噌噌噌一路小跑，一分钟就跑到了对岸。他们过去之后，我们开始惊恐万状地过河。导演是组里第一个上桥的。刚开始他还行，慢慢地往前走了几分钟，到桥中央的时候，吹过一阵风，桥开始晃了，他马上蹲了下去，很久没敢动，我们站在岸边的人跟他一样紧张。过了好一会儿，他终于站起来了，但再也没敢站直身体，只是弯着腰慢慢往前挪，七八分钟之后他终于走到了对岸。

在我前头的人一个一个慢慢地过去了，有的是手脚并用爬过去的。过这座五六十米长的桥，每个人平均用时都有十多分钟。我应该是第四个上桥的。中午在六连我还喝了点儿酒，踩到桥上的木板后，第一脚几乎是软的，冷汗一下就冒出来了，我立刻清醒了许多，走了没有几步，脚就开始不能控制地晃起来。我慢慢往前挪动，也是走到快到桥中央的地方，突然桥像秋千一样晃得厉害起来，我跟前面的人一样立刻蹲下，然后也一样再不敢站起来。我蹲在离河面十几米高的桥面上，看着河水从桥下奔流而去，白色的浪花翻滚如同瀑布，水花飞溅发出巨大的轰鸣声，这真是叫“命悬一线”，只感觉血直往上涌。当时我在想，这么湍急的水流，人要是从桥上掉下去，估计几秒钟就看不见了。这时，站在对岸的人对我大喊：“爬过来！爬过来！”我稍微冷静了一点儿，等桥面的晃动平稳一点儿之后，才像前面的人一样，一点儿一点儿地往前爬。

我清楚地记得，桥上的木板可能年头太久了，感觉很不结实，爬的过程中我甚至担心劲儿稍微大一点儿，木板随时可能被压断。等终于爬到了对岸，身上的衣服全都被汗水和河水飞溅起的水雾打湿了。我过河的实际时间大概也就十分钟，但感觉却是那么漫长。等所有人都过了河，总共花了一个多小时。我们有惊无险地渡过卡拉奇古河之后，大家从惊险中回过神来，又觉得很兴奋，又浑身是劲儿地向公主堡进发，那时谁都没有想到，我们返回的时候，还要经过这座桥，而且是在夜里。

② 无人区

过河之后，我们进入了一个真正的无人区。帕米尔高原在这里呈现出极其荒凉的景象，这种景象我只在科幻电影和探索频道里看过。一路上，我看到很多死去的大型动物的骨架，我不能确定那是一些什么动物，但是看着它们狰狞的骨架，我们开始嗅到一种恐惧的气息。

我们在根本没有路的帕米尔高原上的无人区，深一脚浅一脚地走了差不多两个小时，下午四点多钟时，两个战士忽然几乎同时喊：“那就是，那就是！”顺着他们的手势我抬头一看，眼前这座山和前后的山头没什么区别，就是一个土坡，估计不到两百米高，如果不是两个战士提醒，我们走过去也不会发现。大家的失望迅速变成了担心，因为眼前的这个土坡陡得要命，坡度竟然有六十多度。

导演告诉我们，山顶上就是公主堡。我问他，有人到上面去过吗？导演说有，十九世纪的最后几年，瑞典著名的探险家斯文·赫定来过这里。我又问，有人上去拍过吗？导演说，在一九七八年有一个叫《中国的塔吉克》的纪录片摄制组上去过。听到这里，我觉得有点儿不靠谱了——敢情一九七八年之后就再也没人上去过。而且，上一个摄制组是在专业登山队的帮助下上去的，我们呢？只有两个赤手空拳的小战士。

那时候真的在玩儿命，换现在，这活儿给多少钱我都不会干，这拿的钱很可能就变成遗产了。但在当时，没多想就准备上山了。上去之前，小王提醒我们，不能一个接一个地往上爬，大家得并排平行往上爬。这样不管谁掉下去，都不至于把后面的人也一起带下去了。所有人听了心里都是一惊。

两个战士先带着摄像机往上爬，大概十几二十分钟就上去了。之后，我们五六个人跟着开始往上爬。刚开始大家还没觉得怎么样，虽然脚踩下去比较松软，还有泥块和石头往下掉，但因为以前从没经历过这种事，也就没觉得怎么怕，手脚并用很快就爬了三四十米。但有人回头往下看的时候，突然叫起来，大家也回头往下看，也都紧张了，不知道这样陡峭的山，等会儿该怎么下山啊！导演安慰大家说：“上公主堡以后，背面有一个缓坡，我们从那个缓坡下山，很安全。”

我们平静了下来，又吭哧吭哧往上爬。到了不知道多高的地方，可以让手抠进去用力的地方越来越少了，要想再往上爬，有时只能抓住坡上生长的一种沙生植物——骆驼刺。如果说，仙人掌的刺跟鱼刺和针一样，那么骆驼刺的刺就跟锥子一样。当时我就抓着骆驼刺往上爬，因为除了抓它，没有任何东西可以抓得住，也没有回头路了。求生的本能使得痛感钝化了，本来骆驼刺那样的东西扎上去你就会本能地把手缩回来，可当时我们却要用手用力抓住它往上爬，弄得满手都是血。

爬到大概一半的地方，只听我边上的制片主任赵阳——一个留着小胡子的无锡人，突然一声惨叫，手上拉着一把骆驼刺哗地就滑下去了。其他人都吓得停下来，我眼睁睁地看着他从离我左边不到三米的地方一路滑下去。他的两只手拼命地在地上抠着，希望能阻止身体下滑，地上都划出了几道印子，也掀起了很大的尘土。滑下去了大约二十米后，终于停住了。赵阳捡回了一条命，等他最后爬到山顶，我们就发现，他腰包的牛皮皮带竟然都快磨断了。

爬公主堡和过卡拉奇古河一样，发生意外的时候谁都帮不了谁，你很可能会眼睁睁地看着同伴摔死而束手无策。整个爬山的过程和过卡拉奇古河一样惊险，在那么陡峭的山坡上，只要有一只手没抓稳或者脚下没踩稳，很有可能就会摔下去丧命。两百米不到的山坡，我们爬了一个多小时。等爬到顶上，我们放眼四望，发现根本就没有什么公主堡！原来我们只是爬到了一个坡度较缓、可以站起身来落脚的地方，公主堡还在距离我们几十米高的地方，而这最后几十米的山坡几乎已经垂直成了九十度，没有专业工具和专业登山队的帮助，我们根本不可能上去。我们只能站在这个算是离公主堡最近的地方，看看那一点点建造公主堡的地方的轮廓。

等我们都爬到了山腰的安全地带，我们才发觉，歇脚的地方是光溜溜的石头，有点儿像鲫鱼背，宽度也就两米多，它的背面是一个像漏斗的山谷。我们根本不敢把头伸过去看，因为地势太险，没有任何安全保障。我出于好奇，捡了块石头扔下去，过了很久才从下面传来回响。这时我突然意识到，导演之前说的能够下山的缓坡根本不存在，我们只能原路返回。直到今天我都不确定，那个导演是自己也并不知道有没有下山的缓坡，还是跟我们玩儿望梅止渴的把戏，反正从公主堡回去之后，整个组里对这个导演的不满情绪达到了顶峰。

饶是如此，我还是平静了一下情绪，扛起摄像机开始工作。遥望远处，云海茫茫，小王指着前方对我说："看，那边就是喜马拉雅山。"不知不觉天色已晚，也差不多拍完了，我们没有选择，只能原路返回。和上山相比，下山实在很简单，也很危险，直接往山坡上一坐，一段一段地往下滑，十几分钟就滑下去了。但是下山的时候人根本不能站起来，而且下滑的过程中，要是被什么东西硌着了，在巨大的惯性之下人就会直接飞出去，摔下山去。所以，我们得确保自己的腿和屁股要一直挨着地面，腿不能曲起来，脚下还要当心被硌着。这样的姿势下，腿和屁股被磨得很疼，牛仔裤也差不多报废了。我从新疆回到南京的时候，我的两个膝盖都露在了牛仔裤外边，都是在新疆这一路上磨出来的。

一群人终于安全下到山脚，大家互相看了看，都没有了人样，满头满身的泥土，手上还有血。这时谁都没有体力拿任何东西了，除了磁带、电池那些必须拿的东西，其他东西比如手电筒、水壶什么的都扔了，我恨不得把两条胳膊都卸掉。回去的路上，没有一个人说话，大家都低着头拼命赶路，想尽快赶在天黑之前到达河边。想着半条命差点儿丢在公主堡，我有种说不出的感觉。

我们就这样机械性地挑战生理极限似的走着。一个多小时后，天终于不可阻挡地黑了下来。这是我一生中离月亮和星星最近的一次。湛蓝的夜空中，满天繁星，迢迢银河挂在眼前，就像现在 3D 电影里一样，让人有“手可摘星辰”的感觉。帕米尔高原上的那个夜晚美得那么惊心动魄。月亮把大地照得一览无遗，我又看见了来时看到的动物的尸骨，在月光下它们显得阴森森的，泛着白光，一路伴着我们，真像科幻片或者恐怖片。当时我可没有心思像现在这样感慨万端，只想着能活着再次爬过卡拉奇古河，回到对岸。

又走了很久，我忽然听到河水翻腾的巨大声音——卡拉奇古河不远了！大家的步伐顿时快了起来，到后来简直有了些要跑起来的感觉。几年之后，我在看美国大片《黑鹰计划》里那群死里逃生的美军士兵最后撤回安全区的那一路疲于奔命时，就回忆起了一九九四年夏天我从公主堡逃回来的那个晚上。

终于，白天看到的那条白浪滔天的卡拉奇古河又出现在我们面前了。在月光下，它就像一条白练从远处的山里伸出来，壮美也惊悚。这时在对面等候我们的两个司机把越野车的大灯打开了，两辆车的四束灯光照着摇摇晃晃的桥面，迎接我们回去，让我顿感温暖。过河的方式跟下午来的时候一样，一个接一个地上桥。经历了八九个小时的高原赶路和公主堡惊魂，我们拿出最后一丝力气，靠着求生的本能，再次一个接一个地爬过了卡拉奇古河。可能就是这个原因，我们回去的速度明显比过来的速度快了很多。

直到现在，一想到当时过河的情景，我的脑海里就浮现出一幅悲壮的画面——帕米尔高原上，一轮明月照在卡拉奇古河翻腾的浪花上，照着那座白色河流上晃晃悠悠的铁索桥，月光和对面越野车打过来的灯光交织在一起，白森森的。一群筋疲力尽、伤痕累累的男人，一个一个默默地爬着。

那天晚上过河之后，我们一行人在卡拉奇古河边一户柯尔克孜族人家度过了饥寒交迫、惊魂未定的一夜。

❸ 捡到“宝贝”

公主堡的经历中并不都是惊心动魄，也有好玩儿的事情。陪同的两个小战士很崇拜我们这帮奇形怪状的电视人。去公主堡的路上，我看着两边险峻的高山问他们：“这么高的地方，有动物能上去吗？”小王说：“有哇，帕米尔露丝就能上去。”

帕米尔露丝是当地人对盘羊的叫法。这种羊的角是打着卷的，有将近一米长。是国家一级保护动物，数量很少，跟大熊猫差不多。在当地人的心中，帕米尔露丝跟神一样，死了之后头都会被供起来。对这样稀有的帕米尔露丝，国内外很多科考队想猎取它必须向自治区的相关机构申请，并且缴纳两万块钱办许可证，而且不管你打得着打不着，钱都不会退给你。据说，很少有人能打到帕米尔露丝，所以市场上帕米尔露丝的头价格不菲。

我问小王：“你见过帕米尔露丝吗？”他对我的问话相当鄙视，对我说：“这有什么稀奇，我们连队厨房后面就有一个这样的羊头。你喜欢我送给你。”原来，他们连队要在边境上巡逻，巡逻一趟要好几天才能回，偶尔也能碰到帕米尔露丝之类的野生动物。听他这么一说，我顿时激动了，忙问羊头还在吗？小王说，前几天还在呢。

在柯尔克孜族牧民家睡了一觉回去后，小王果真在厨房后面找到了那只羊头，并且送给了我。他可能不知道帕米尔露丝的头在市场上值多少钱。最后，我把身上穿的摄影背心送给了他，他也非常高兴。此后在新疆的一个半月，我走到哪里，都把羊头随车带到哪里，最后一直背回了南京。对此我非常感谢司机老刘，不是每个司机都愿意天天在车上驮着这么个大家伙的。这充分说明我和老刘相处得相当不错。

那只羊头在我家里放了很多年，最后送给一个朋友做了结婚礼物。

二十八、塔克拉玛干

帕米尔高原的历险后，我们去了塔克拉玛干沙漠拍摄神秘的克里雅部落。在新疆，有两个部落非常神秘，分别是生活在北疆阿尔泰山区里的图瓦人部落和南疆塔克拉玛干沙漠腹地里的克里雅部落。

我们当时选择了从于田县由南向北进入塔克拉玛干沙漠。一九九四年时的于田县相当落后。我们在于田县准备了一些补给，其中包括一只装水的大桶，储备了够摄制组四个人在沙漠里生存两天的水。找向导费了一番周折。当时整个县里能在沙漠里找到克里雅部落的司机一共就只有那么三四个人。这样绝对的卖方市场，没得还价。只要这三四个人咬死一个价，人家说多少你就得给多少。

我们进沙漠的时间是一九九四年的农历八月十四。我们在县里吃过晚饭，晚上九点钟左右我们换乘一辆北京 212 吉普车向沙漠进发。白天沙漠温度太高，因此司机选择了在夜里进沙漠。车一进沙漠，我就发现没有任何参照物了，我们只能相信向导没有金刚钻也不敢揽这瓷器活儿，否则等于是大家一块儿送命。一九九五年，我从央视新闻中看到，一条穿越塔克拉玛干沙漠的公路贯通了。而在一九九四年的夏天，我们一行人穿越塔克拉玛干沙漠还是具有探险性质的事情。

全世界的沙漠大约分两种——流动性沙漠和固定沙漠（或者叫非流动性沙漠）。非洲的撒哈拉沙漠是全世界面积最大的沙漠，但它的沙丘是固定的，可以作为参照物。而塔克拉玛干沙漠是世界上最大的流动性沙漠，号称“死亡之海”，往往刚刚还看见的沙丘，几分钟后就没了，另外一个地方出现了一个新的沙丘。我曾经在沙漠边缘的公路上亲眼目睹“沙丘过马路”——公路一边的沙丘被风吹得慢慢矮下来，细细的沙子被吹过公路，公路的另一边慢慢冒起一个新的小沙丘，而且速度很快。

我们的北京吉普一路颠簸着向北行驶。其实是没有路的，不仅没有路，也没有任何参照物，直到今天我也没明白于田县的司机是靠什么方式带我们找到克里雅部落的。辽阔的塔克拉玛干沙漠在临近中秋的月光下泛着青光，帕米尔高原夜晚中的森森白骨起码表明那里还是有生命活动的，而眼前浩瀚的沙漠一点儿生命迹象都没有，“死亡之海”这几个字不断在脑海里出现。

我在车里渐渐睡着了，记不清究竟开了多久我们才到达了克里雅部落。其实克里雅部落的叫法是不准确的，这里已经有了一个相当正式的名称——达里雅博依村。

在达里雅博依村我们待了两天。第二天我才发现，我们认为塔克拉玛干沙漠是生命禁区的观念是完全错误的。沙漠里其实有植物，比如胡杨；有动物，比如蜥蜴。塔克拉玛干沙漠里还有一条河，虽然水量极小，但从来没有干涸过。只不过，那河水只能供牲畜饮用，人不能喝。特别值得一提的是沙漠里的胡杨，那是一种在干旱地区生长的高大的树种，叶子金黄的时候很美，在北方苍凉的沙漠、戈壁中经常成为摄影师拍摄的对象。新疆人会骄傲地告诉你，胡杨树活着一千年不死，死了一千年不倒，倒了一千年不烂，是新疆的一种生命符号。达里雅博依村的村民告诉我们，他们村过去有人得了重病，还没来得及送出沙漠就在途中死了，死了就往胡杨树的树洞里一扔，用沙子一填。我想，过几千年，它就应该变成木乃伊了吧。

二十九、克里雅

拍摄中我们发现，克里雅并不是一个和外界没有接触的部落，它只是长期生活在沙漠腹地不为人知而已。当年我去那里的时候，达里雅博依村里只有一两个人到过县城，其他的人根本就没有出过沙漠。他们的生活相当原始，基本没有货币的概念，基本生活所需的盐、火柴等物品都是村长从县里买来的，其他生活资料都是自给自足。

克里雅人住的房子很有特色，建筑材料就是沙漠里常见的红柳藤。这种用藤条搭建的房子很像是前卫艺术家的作品，缺点是，藤条搭的房子不能严丝合缝，住在里面哪里都透风。类似这样的建在沙漠里的房子我依稀在《国家地理杂志》里见过，非洲好像有。

克里雅朋友非常热情，他们招待我们吃的两顿饭给我留下了非常美好的回忆。第二天中午我们在一户克里雅人家里吃的烤饼，我还记得制作方式是这样的：

家里沙地上已经有一个浅浅的平底大坑，大约像我们农村的大锅那么大，把早已经晒干的羊粪，用手搓成碎屑均匀地垫在坑底，再在羊粪上面摊上一张硕大的面饼（大约两厘米厚），然后把一大盆切好的羊肉块均匀地摊到面饼上，再拿一张同样大的面饼盖在上面，用手顺着边缘把两张面饼捏在一起——就像是我们熟悉的一个巨大的韭菜盒子，最后，再用晒干的羊粪搓碎了铺在这块大面饼上。接下来就是在面饼周围生上火烤。一会儿就闻到香味了。需要说明的是，羊是食草动物，所以羊粪并不臭，尤其是晒干之后，是可以做燃料的。

我们一屋子人就围在这块大面饼周围，抽烟聊天等着，大约过了二十分钟，饼就烤好了。主人把火弄灭之后，把那个巨大的硬硬的“大韭菜盒子”刨出来，把面饼上的碎屑拍掉，再用嘴吹一吹，把这张大饼放在一个特别大的木盘子里,开始一块一块地切给我们吃，就像切比萨饼那样。

之前看着他们的制作过程，我还在想，这种东西能好吃吗？结果那块夹着羊肉的饼送到嘴里后，味道竟然鲜美得出乎意料，里面竟然像汤包那样还有浓浓的羊肉汁，面饼也奇香无比。我三下五除二地干完了我这一大块，等还想再要时——没了！可以肯定的是，我这辈子不太可能再有机会吃到克里雅朋友用羊粪烤出来的羊肉大饼了。后来我问过不少新疆朋友，他们也没有人吃过这样烤出来的羊肉大饼。

我对当天的晚饭的印象深刻不仅是因为口味，也是因为那个日子和吃的方式。那一天是一九九四年的中秋节。我们一行人远离家乡和亲人，来到塔克拉玛干大沙漠的腹地，和一群素不相识、语言不通的克里雅朋友一起过中秋节（克里雅人并不知道这个节日），想想都有点儿梦幻，有点儿穿越时空的感觉。

进沙漠之前，制片主任就提前给我们每人发了一瓶伊利春酒和两只月饼。月饼是在县城供销社买的，最好的那种，也就几毛钱一只。酒虽然很便宜，两三块钱一瓶的那种，但我觉得还挺好喝的。当天晚上，克里雅朋友在沙漠里生起篝火，我们十几个人围在篝火旁，用削尖了的红柳枝穿着一大块一大块的羊肉，在篝火里烤着吃。火苗蹿起来一人多高，烧得噼啪作响，火焰映红了我们每一个人的笑脸。远处传来克里雅女人和孩子的欢笑声。我们嘴对着瓶子口大口大口地喝着廉价的烈性白酒，扯着嗓门说话，不时有人大笑。

那天晚上我们说了什么，我一句也不记得了，因为我当时就没在听，我只是被那种氛围感染着，陶醉着，晕晕乎乎地跟着他们说笑。一抬头，沙漠里的月亮在那个晚上大得吓人。沙漠里晚上的风已经很凉了，肚子里装着酒，身上发热，吹着晚风很舒服。我想起一句诗：古人不见今时月，今月曾经照古人。一个晚上我都在内心的这种穿越时空的梦幻情绪里荡漾着，很快就醉了。

西域印象后记

三个月的新疆拍摄生活并没有多少能成为“故事”的东西，只有很多片段，有壮美，有震撼，有历险，在那之后的多年的记者生涯中再也没有这样的机会如此贴近地深切地接触和了解其他民族的生活和文化。直到今天，我仍然觉得我的一部分属于那里，在赛里木湖、天鹅湖边，在喀什的巴扎，在吐鲁番的火焰山和葡萄沟，在乌尔禾的魔鬼城，在夏塔温泉，在慕士塔格冰川下，在克孜尔千佛洞，在阿拉山口的边贸市场，在肖尔布拉克建设兵团的农场……全都留下了我的足迹。浓烈的伊力特酒，香甜的瓜果，黄昏清真寺里传来的洪亮的祈祷，穿着艾得利丝绸跳着麦西来普舞蹈的美丽的“古丽”们，弹着热瓦普的维吾尔族老大爷，他们在我的记忆里，从来不曾模糊。

回顾：莫高窟

一九九四年在新疆拍摄的时候没能留下照片，后来到了甘肃，那里的荒凉总让我想起当年在新疆的境况。

莫高窟。

回顾：敦煌山庄

敦煌山庄不是敦煌最贵的宾馆，但却是最有特色的，很有大漠风情，让我想起张曼玉主演的电影《新龙门客栈》。

设计别致的敦煌山庄。

回顾：玉门关、阳关

敦煌是丝绸之路上的一个重镇，离敦煌城区八十千米就是历史上赫赫有名的阳关和玉门关。这两处关隘一南一北和敦煌的距离几乎呈等边三角形。太多的历史和诗歌和这两个地方，使得走进它们的人都会有一种强烈的时光穿越的感觉。

只有这些戈壁滩上顽强的沙生植物见证了两千多年的历史沧桑。

这个烽火台是真正的，也是唯一留下的历史遗迹。“西出阳关无故人”说的就是这里。这也是我去敦煌最大的动力之一。

回顾：月牙泉

二〇一一年年初我曾发过一组用手机拍的云南的照片，那是因为我懒得带相机去，而这次最悲剧的是，我前往鸣沙山那天竟然把相机忘在了房间，只好用手机拍了几张。

月牙泉处于鸣沙山环抱之中，因其形酷似一弯新月而得名。水质甘洌，澄清如镜。流沙与泉水之间仅数十米。虽遇烈风但泉不被流沙所淹没，地处戈壁但泉水不浊不涸。这种沙泉共生、泉沙共存的独特地貌，确为天下奇观。

月牙泉。

第六部分 随便说说

一些见闻和感悟。

只是随便说说，也许并不那么严肃。

三十、我爱养狗

我养过两条狗，一条是斑点狗，我懒得动脑筋给它起名字，就叫它“斑点”，另一条是边境牧羊犬，叫小发，都属于工作犬。

其实养什么狗得看人的需求。不少人选择专供人欣赏嬉戏的玩赏犬，外形漂亮，惹人宠爱，比如吉娃娃、蝴蝶犬等，但我喜欢工作犬。工作犬顾名思义就是狗中的工作狂，比如德国牧羊犬，不工作不行。再比如斑点狗，它最早跟着吉卜赛人到处流浪，后来到了英国，就成为英国王室马车车队的前导犬，之所以扮演这样的角色，一方面是因为它善于奔跑，另一方面是因为它花色显眼，跟马路上红绿灯的作用一样。

在工作犬中，我又最喜欢牧羊犬，尤其是边境牧羊犬，因为它聪明又漂亮。美国有个研究动物行为学的教授，他曾经专门为一百七十多种狗做了一项长期的行为和智商研究测定，得出一个犬类的智商排名，边境牧羊犬排名第一。在这个测定中，有一项内容

我家斑点，闯过很多祸，现在在苏北朋友家，我很想念它。

是一个指令到底要重复多少次，狗才能养成稳定的，即不受其情绪影响的反应。结果在所有的狗中，相同指令下边境牧羊犬培养出稳定的反应所需要的指令次数是最少的。

说到给狗下指令，一定要简短、明确，比如“出去”、“过来”，字不能多，多了狗就会很难识别。智商高的狗面对同样的指令，发令十次以内就能形成稳定的反应，五十次以内形成反应的是智商中等的狗，最笨的狗你就是说两百次以上都建立不了这种反应。

下达指令的时候,你再配合上稍微夸张一点儿的肢体语言跟表情，狗会明白得更快。我家的边牧，据说能达到五岁儿童的智商。每次我回家进门换鞋的时候，它都会过来用爪子搭搭我的肩膀，挠挠我的胳膊。我跟它打手势说“过去”，它会用湿漉漉的眼睛看着我，意思是：“确定吗？”我点点头态度坚定地表示确定，它就过去了。我洗澡的时候，它守在门口，探着头看着，我洗完澡之后坐在沙发上看书，它想爬到我身上。我说：“才洗过澡，别靠着我。”它就会悻悻地走开。

夏天，小发也想在空调房里睡，有时候我想赶它出去，它死活赖在那里不动时，我就说“到门口去”，一般重复两遍，虽然一副

斑点和木木。木木是小发的生母，它们长得真像。

很委屈的样子，但它还是会乖乖出去，到卧室门口地砖跟地板的接缝处趴着，不再靠近卧室。在同样的情况下，我家斑点的表现就没小发聪明，也可能和性格不同有关。我得把它撵出去，关上房门后，它还会狠狠地挠门。我为此打过斑点很多次。

据说牧羊犬天生就有种放牧的使命感。有一次我跟女儿想试一试是否真是这样。我俩商量了一下，两个人分开向两个方向走，看小发会有怎样的反应。就在我们分开走了几步后，小发就反应过来了，迅速跑到我前面挡住我，又迅速跑到我女儿前面，让她停下来。之后我和女儿继续往前走，它就不停地来回跑，一定要控制住我俩，很好玩。

斑点狗则是行动力很强。冬天我常带着斑点去郊外一个林场里玩儿。散步时，我随手扔了根树枝到湖里，没想到它嗖的一声就蹿出去了，那么冷的天，它就在湖水里游啊游啊，硬是把那根树枝给我捡回来了。我一下子特别感动：大冷天的我也没叫你去捡树枝啊，怎么就把我的这个随手的动作当指令了呢？这件事情告诉我，不能辜负动物对人类的信任。

狗把一生交给了人类，人类却随时可以放弃它们。事实上，人

小发是一条边境牧羊犬，是个聪明的孩子。

和所有动物的关系是很不公平的。在这一点上，西方一些国家做得比我们好得多。我看过一些欧洲的动物保护法，比如在欧盟国家，不要说是对伴侣型动物，也就是属于人类的朋友的这类动物，必须给予应有的关心和重视，即便是对养来给人吃的家禽家畜，也有相关规定保证它们得到人道的对待。包括在贩运途中，都被要求每三个小时停车一次，喂水和食物，禽畜之间要保证有足够的空间，不能拥挤，甚至在屠宰的时候，也一定要先使用电击，让它们失去知觉。

经常有人提出这样的质问："狗跟猪牛羊有什么本质区别吗？为什么一说吃狗肉就有那么多人站出来坚决反对，你们不吃猪肉吗？"我想是有区别的，区别就在于人类对待那种动物与人类的关系和是否寄托着人类自身的某种情感。比如，一只小鸡，它跟鸽子有什么区别？全世界都可以吃鸡，但为什么西方人或者有些民族就不能接受吃鸽子的现象？那是因为鸽子象征和平，它寄托了人类的某种情感，这是不能被无视的。再比如，熊猫可不可以吃？为什么不能吃熊猫？

小发乖巧的样子。

熊猫跟猪有什么区别？不都是哺乳类动物吗？还有,我们可以吃鸽子，那我们可不可以吃朱鹮呢？答案不言而喻。

佛教里有“不杀生”的说法，这包括自己不杀，不看别人杀，不叫别人杀。面对人类的无视一切，我想说，我们有那么多的欲望，虽然我自己也做不到吃素，不能理直气壮地说不杀生，但我们是不是可以稍微节制一下自己的欲望，比如说不吃鱼翅可以吗？因为这并不是必需的，如果人类对自己的某种欲望稍稍有一点儿节制，可能会对灵魂都有一点儿提升。

到了今天，人们对同性恋的态度已有了转变，也许要不了太久，我们中国人对动物的态度也会改变，也会有我们的《动物保护法》，再也不像目前这样，只有《野生动物保护法》，剩下的就处于无人监管的状态了。还有人总是在说，人都没顾上，还管什么狗。我认为，关心人类和关爱动物这两件事情并不矛盾，也不冲突。为什么非要对立起来看待呢？人类越进步，应该关注的生命范围就越大。只顾自己，不顾一切，那是野兽的生存法则。

我喜欢各种动物，相比之下我喜欢和动物在一块，最多的时候我家里有一只狗、六只猫，一进家门就有一股动物园的味道，我不介意。

三十一、絮絮叨叨

在《南京零距离》的主播台上，我更多的时候是根据即时新闻发表自己的一些感想。但有些感悟却始终找不到合适的时机表达。在这里我就随便说说吧。

❶ 西方的效率

我跟在国外的同学聊天时说到工作的话题，他告诉我，全世界只有中国人才会歧视像清洁工这种性质的工作。他曾经在街头的咖啡店观察过外国的清洁工打扫街道的情景，他们都是边聊天边工作，可能一个下午也就扫了一条很短的街道，但是他们都非常开心甚至是兴致盎然的样子。就连在街道上填砖头这样的工作都可以西装革履的，因为这些都可以推着专门的电气化工具工作，而且街上很干净，所以这样的工作都可以做得很悠闲，也可以让自己很有尊严。

在西方一些国家，企业为了减少交税的压力常常必须雇佣一些大学生或失业者。中国大学生往往会尽力在最短的时间内做完工作来表现自己的能力，而西方人并没有那么注重所谓的“效率”，他们习惯做一件事情的时候大家要经常沟通，形成一个良好的工作环境。企业也会因为这种聘用制度而更加欣赏“慢慢来”的外国人。你工作效率太高，一天干了三天的活，企业还是要再雇佣其他人来完成“雇工指标”，老板并不高兴。

我听一个从欧洲回来的领导跟我说起这样一件事。十几年前意大利的一个小镇上一共有两万居民,后来有两个中国人移民过来，在这个小镇开了一家饭馆，生意挺红火的，于是帮亲戚好友陆陆续续全部移民到了这个小镇，开洗衣店、开小超市，做各种生意。现在这个小镇还是两万居民，不过全都是中国人了，意大利人一个都待不下去了，因为他们拼不过中国人，工作机会和生意都被中国人抢走了。意大利人每天都很悠闲地睡到快中午才开店，晚上又早早地打烊去享受个人时光，而中国人早上六点就起床，一直到晚上十二点都不休息，意大利人怎么拼得过中国人？所以最后意大利人都离开了，只有中国人留下来了。

每当我听到这种故事，我就觉得全世界都在玩儿，只有中国人在玩儿命。我们为什么总是活得这么苦逼呢？

在上海申办世博会成功的时候，我曾经写过一篇文章，由头是荷兰也提出过申办的要求，但是荷兰人民坚决反对，因为他们认为自己生活很富裕、很悠闲、很好，他们不允许他们的政府干这种会扰乱自己生活的事情，所以荷兰政府就撤销了申办的请求。

而我们却欢天喜地地把人家玩剩下的东西捧回家来了。我们的政府一提到这类事情好像永远都那么亢奋，真希望我们快点度过这个暴发户时期。

❷ “样板戏”

我在当印刷工的时候，“样板戏”已经绝迹多年了。有一天我突然发现南京有一个老戏院开始重放“样板戏”的老电影了，票价是五毛钱一张。我喜出望外，买了四张票看了四场，跟厂里那个吴大麻子一起去看的。

这是“文革”结束之后，电影院第一次上映“样板戏”，当时那个小小的戏院里挤得水泄不通，大多是我们这个年纪的人，还有一些老人、几个戏校的年轻人以及外国人。电影开头，八一电影制片厂的片头放完就是一副特别正的播音腔在朗诵毛主席语录，电影院里每一个人跟着齐声朗诵，因为大家都背得滚瓜烂熟了。电影开始之后也是全场几百号人不约而同地难以控制地跟着演员一起说台词。这八个“样板戏”在中国整整放了十年！每一部戏里的每一句台词、每一段唱腔，几乎所有的中国人都烂熟于心。我第一场看的就是《红灯记》，李奶奶在念白：“爹好不好？”所有观众在下面一起说：“爹，好！”李奶奶又说：“可是你爹，他不是你的亲爹！”观众又一起接着说：“奶奶，你气糊涂了吧？”这场景把在场的外国人都吓傻了。更夸张的是，除了台词，台下连音效都能跟着一起学，比如《智取威虎山》中“打虎上山”这段里那特别好听的交响乐前奏里那一声马鞭声，什么时候会出现，大家都知道！整部电影就是在观众这样亢奋的氛围里放完的，真是很夸张，很滑稽。

我挺喜欢看“样板戏”的，尤其是《沙家浜》和《红灯记》。我也喜欢老戏，当初谈恋爱的时候，山东省京剧院来南京演出，我还买票带女朋友去看戏。现在影视业太发达了，还是应该有人走进剧场看一点舞台剧的。中国人应该把花在饭桌上的钱匀一点到艺术消费上来。

❸ 有趣的美国

美国传播主流价值观的方式非常成功，很容易让人接受。在美剧里面，比如《越狱》，最后的幕后黑手，最坏的那个人就是副总统。而在另外一些美国电影里面，比如《2012》，最后总统跟普通人一样死去，没有任何特权。这体现出来的意识形态是很有趣的。所谓美国梦想就是告诉全世界，只要来到美国，一切皆有可能。比如奥巴马，非洲裔，单亲家庭，他就当上了美国总统。再比如很多中国人感到亲近的华裔后代骆家辉，这位到任不久的驻华大使是洗盘子出身，祖上三代没有任何显赫的人士，连英语都不会说，来到美国一样实现了美国梦想。那片土地似乎给了全世界最大的宽容、包容和自由。美国人最爱标榜的不是他们的企业、他们的产品、他们的科技和电影，而是他们的“美国梦想”。

我这样说，一定会招来不少愤青的口水。好在现在极端的爱国主义、非理性的民族主义已逐渐失去了舞台。我们什么时候能造就“中国梦想”，形成中国的价值观，并找到世界能接受的方式进行传播，我们才能真正成为大国和强国，而不是到处买人家的国债。我喜欢美国这个国家，但我一点儿也不想去那里生活。

回顾：云南

云南的一切都很好。风景美、空气好，人间仙境。

云南虎跳峡——长江第一峡。

俯瞰丽江古城。

丽江随处可见的客栈。

第七部分　希腊启迪：民主与国民

二〇〇四年六七月间，我受频道委派赴希腊报道奥运会。一周的时间非常短暂，浮光掠影地走了一趟，但收获却是巨大的。

三十二、民主的起源地

稍有一点儿历史常识的人都知道希腊的历史和欧洲文明之间的关系，所以曾经有人这样说：如果你只有机会去一个国家，而试图了解和研究整个欧洲历史和文明，那这个国家只有一个，就是希腊。所以当我们踏上希腊的土地之后，面对第一座古希腊神庙的时候，苏格拉底、柏拉图、亚里士多德、希罗多德这些伟大的名字就一齐涌上脑海，是他们为欧洲的文明点亮了启蒙之灯。然而当我们离开希腊的时候，给我留下深刻印象的倒不是这些伟大的先哲在哲学、历史学、数学、文学等领域为后世开启的先河，而是这个国家在人类文明史早期创造的政治文明以及对今天造成的影响。

在著名的雅典卫城，全世界的观光者都在惊叹于两千五百年前古希腊人建造的精美绝伦的帕提侬神庙。然而在和所有的游客一样，仰望那座人类历史上最大的大理石建筑群之后，我的目光却停留在了神庙脚下，一块面积不大的草坪上。这块草坪与中国任何一个公

希腊阳光灿烂。

园里看到的草坪相比没有什么不同，也没有任何标志。而正是在这块草坪上，两千多年前的雅典市民就经常聚集在这里发表演讲，讨论着如何管理国家和城市，对决定国家和城市命运的重大事情发表看法和进行表决，每一个普通的雅典市民都有权利自由地表达他们的思想和意见。

这是一段多么令人景仰的历史啊！直到今天，全世界还有很多国家被独裁者统治着，那里的人民根本没有权利决定自己的命运，自由地表达他们的思想。而在两千多年前，也就是我国还在群雄争霸、战火连绵的战国时期，希腊人就已经创造了高度的政治民主。

历史上，值得羡慕的不是古希腊人没有经历战争，相反，他们经历的特洛伊战争、希波战争、伯罗奔尼撒战争都是人类历史上最著名的战争，所不同的是在那个时代人类经历的战争几乎都是由独裁者决定发动的或者是那些独裁者不得不接受的，唯独古希腊人民有权力决定是否要进行战争。当强大的波斯军团兵临城下的时候，领导者在动员全体人民进行抗争的时候说道：“你们希望民主被延续吗？那就要拿起武器进行战斗！如果波斯统治了希腊，我们今天的民主将不复存在！”于是渴望民主的希腊人众志成城、斗志昂扬，

奥林匹亚遗址。

以少胜多取得了希波战争的胜利。这场战争还留下了一个著名的小插曲：一名希腊战士，从马拉松小镇奔跑了四十二千米，赶到雅典，在对雅典市民大喊了一句“我们胜利了”之后英勇死去。这就是我们今天奥运会马拉松比赛的由来。

直到今天，希腊仍然延续着民主的传统。希腊在欧盟国家中的经济地位是最低的，在欧洲的国家中，希腊政府也并不是一个强有力的政府。希腊并不富裕，因为它的税收很低，但它却给了人民很大的权力。尽管终年沐浴着爱琴海的阳光和海风的希腊人生性懒散，但是今天的希腊人民仍然像他们的祖先一样乐于对事情发表意见。

当地人说，希腊人经常为一点儿小事就举行游行和罢工，表达他们的意见和不满。就在我们到达希腊前不久，希腊足球队奇迹般地历史性地获得了欧洲杯冠军，在举国欢庆之后，希腊的公交车驾驶员罢了一天工，原因竟然是政府没有考虑到他们收看欧洲杯足球赛的权利！需要特别说明的是，在我们的印象中，游行罢工似乎就意味着社会的动荡和不安。其实在希腊的任何一次罢工都是经过了法律程序的，而且对某个行业的罢工将对国民生活可能产生的影响会通过媒体提前告知公众。希腊政府对于绝大多数的游行罢工都是

古希腊人开凿的运河。

持“有单照批”的态度，而罢工的组织者和参与者也都严格按照政府批准的时间、地点进行罢工，绝不会超越法律进行，因此他们的罢工对社会生活的负面影响是很小的。在我们离开希腊的前一天，居然也碰到了一次小规模的罢工，尽管我们不知道这次罢工是为了什么，但我们确信，希腊的民主名不虚传。

三十三、最后一分钟哲学

早在好几年前，国际奥委会就提出了“奥运会要减肥”的口号，这主要是针对近二十年来，奥运会主办国有把奥运会越办越大的趋势。这主要表现在比赛场馆越建越大、越建越豪华，比赛项目越来越多，需要参与的运动员、裁判员、教练员、官员的人数也就越来越多，奥运会的规模越办越大，使得承办国的压力也越来越大。据说一九九二年的巴塞罗那奥运会就亏了一大笔钱。然而，各国争办奥运会并且把奥运会越办越大的趋势却有增无减，倒是希腊人给了我们一些意外。

每届奥运会的主赛场都会是奥运会主办国不惜巨资兴建的重点工程，都希望建成一个足以流芳百世的标志性建筑，而唯独雅典奥运会的主赛场是希腊人在原来一座老体育场的基础上翻建的，希腊人的逻辑是：一样很漂亮啊，一样也能用啊！

那届奥运会场馆的建设进度一直备受舆论指责，我们江苏城市

雅典街头。

和同事在第一届现代奥林匹克运动场合影。

频道奥运报道组在希腊采访时发现，当时有三分之一的场馆还没有竣工，还在尘土飞扬的建设当中。七月二十五日，我们在雅典的最后一天，拍摄一八九六年首届现代奥运会主场馆时，巧遇了一群中国建筑工人，我问他们：“你们的活什么时候能干完呢？”对方操着一口很浓重的河南口音回答说：“早呢！木工活还没有开始呢！”我问：“那你们不着急吗？”回答说：“希腊人都不急，我们急什么呀！”我大吃一惊：七月二十五日距奥运会开幕已不足二十天，一个重要场馆的木工活儿竟然还没开始！而希腊官方却早就宣布这些场馆已经竣工了，他们的逻辑是：外边完工了就算竣工了，里边的东西慢慢弄，开幕之前一定弄好！

希腊人的生活总是这样宁静、安逸。

走在雅典的大街上，我们看到很多人行道上拉着一条条长长的红线，当地人告诉我们，这是为了迎接奥运准备要翻修人行道的地砖。我问他们："那怎么没弄啊？"他们说："还早呢！"人们对奥运会的漫不经心是随处可见的，在希腊的一周时间我们去了很多地方，并没有看到想象中应该出现的奥运氛围，我们甚至都没有看到大街上有任何奥运标志和宣传品，倒是在很多小店里看到了价格不菲的奥运纪念品。但是如果说希腊人对奥运会没有热情那是不公平的，在我们采访的雅典市民当中，提到奥运会他们都非常兴奋，他们觉得由希腊主办这届奥运会是理所应当的事，因为这里是奥林匹克的故乡。所以，希腊政府也不像以往那些奥运会主办国那样，赛前都

希腊街景。

古代奥林匹克运动场的看台。

宣称要把他们主办的奥运会办成最好的、最成功的一届奥运会。他们的口号是一句异常平静而又自信的话：奥运回家！对于国际舆论对他们的一些批评，希腊人也并不介意，他们相信有希腊众神的庇护，什么奇迹都会发生。二〇〇四年希腊足球队近乎奇迹般夺得欧洲杯冠军，更加坚定了他们的“最后一分钟哲学”。

三十四、希腊的笑容

从一九八四年的洛杉矶奥运会到现在，每一届奥运会人们最关注的事情莫过于我们能拿多少块金牌和我们在金牌榜上的名次。二〇〇八年，北京奥运会中国体育代表团创造了历史，夺得了五十一枚金牌，金牌榜上列第一，足以让国人扬眉吐气。可以说，北京奥运会取得了巨大成功，无论是开幕式的宏伟壮美，还是体育赛事进行中组织工作的有条不紊以及接待工作的热情周到，都给全世界留下深刻印象。但与此同时，我们应该问问自己有没有什么地方需要反思。

我想到二〇〇四年在希腊的采访，印象中更觉得我们似乎还缺点儿什么，缺什么呢？好像是我们的人民缺少那种发自内心的笑容。

曾经在雅典的大街上和巴黎的机场里，我们都在不断地拍摄采访，不管我们的镜头对着谁，对方一旦发觉，无论当时他在做什么，都会对着我们的镜头展开他们的笑容，做出友好的姿态；无论我们问

身着希腊民族服饰的老人。

他们什么，他们也总是非常有兴致地乐于回答和交流。我做了十几年记者，在全国很多城市进行过拍摄采访，在我印象中，我们的大多数国民只要看见摄像机对着他们，总是有意地避开，他们中的很多人甚至会做出国际新闻中丑闻当事人被曝光时的举动：用手或包挡住脸。尤其是一些美女还会对着摄像机恶狠狠地吐出两个字：讨厌！其实，我们只是想拍摄一些街景和行人而已，而当我们想要问他们什么问题的时候，相当一部分人避之不及。为什么会这样呢？是我们中国人天生就内向吗？但也不至于反应如此过度啊。我们可以留意一下，大街上的行人、公园里的游客，他们中有多少人面带着笑容？或者说他们中有多少人会以笑容面对陌生人？

爱琴海。

北京奥运会已经渐行渐远，永远定格在二〇〇八年，但向世界展示中国人的精神风貌，却是一个系统的长期的工程。有人说，只有不再为生存焦虑的人们才会有那种恬静自信的笑容。今天，我们国家的经济正在以历史上前所未有的速度增长，我们的国民生活水平也在大幅度地提高，展现中华民族发自内心的美丽笑容，是该成为政府和全体国民努力的第一要务了。

热情友好的希腊美女。

我采访的游客。

第八部分　德国："人"字别有意味

二〇〇六年世界杯在德国举行，我作为《南京零距离》前方报道组的一员赴当地现场报道。对于这项重大的体育赛事，台里非常重视，前后共派出了三批报道组。我在第一批，又是受德国方面邀请，所以相对来说赛事报道任务较少，对德国相对深入地去了解并走入他们生活的时间也就更多。当然，这样也才有可能和大家分享我眼中的德国——一个经济发达、国民素质极高、行事严谨规矩、一切以人为本的德国。

三十五、不一样的世界杯

像世界杯这样的国际赛事，如果放在中国任何一个城市举行，那一定是早早就启动，大赛氛围也早早就深入到城市的每个角落。但来到德国后，我却惊讶于这里的行事风格：不事张扬，务实第一。

❶ 感受不到“大赛氛围”

经过十个多小时的飞行，我们一行三人于德国当地时间六月三日下午五点抵达了法兰克福。其实所谓“第几大”城市的说法或者“大城市”的概念，我们中国人和西方的观念区别很大。按人口和面积，法兰克福在德国排第五，可是它的金融和科技地位却是首屈一指，相当于上海之于中国。而这个城市的人口仅仅六十五万，甚至不及

德国之声电视台外观。

我生活的那个区。飞机降落时刚刚下过一场小雨，空气格外清新。

接待我们的是德国之声电视台的吕先生，他竟然还是我的四川大老乡，让我很有一种“他乡遇故知”的感觉。尽管之前听从德国回来的朋友说过，德国恐怕要算是欧洲最美的国家，我早有心理准备，但是在驱车前往宾馆的路上，这座城市的绿色、安静和古典还是令我吃惊。

好像很多记者赛前从德国发回的第一条片子或第一篇稿件几乎都不例外地以“感受德国世界杯氛围”为主要内容，而结果都毫不例外地出乎他们的意料。我们的记者太习惯中国式的风格了：我们要办个什么运动会，赛场提前大半年就完工了，设施提前三五个月就运转了，提前一两个月就到处张灯结彩、欢天喜地地“营造”气氛了。而二〇〇四年，希腊人办奥运会却是那么慢条斯理。我曾目睹，离开幕式只剩五六天时间了，相当多的奥运

举行德国世界杯开幕式的慕尼黑安联球场。

场馆连油漆都还没有开始做，全世界都跟着他们着急，很让我们中国人产生一种奥运会“要等房子结婚”的焦虑。结果奥运会如期举行，什么事儿也没有耽误，让全世界瞎操一回心。当然，这样的事情绝对不会发生在严谨的德国人身上，世界杯的一切准备工作都在有条不紊、按部就班中进行。只是我们想象中的那种欢天喜地地笑迎八方来客、四海宾朋的情形却是不曾看到，就连各种数量不多的世界杯宣传品都是小小的，不张扬地出现在各个角落。我喜欢德国人这种务实和安静的态度。唯一熟悉的所谓“大赛氛围”应该是一路上看到的临时交通管制，路遇的一名金发碧眼的德国女警漂亮得可以上杂志封面。

我和布朗菲思市市长史密特先生。

❷ 市长没有球票

我们那次德国之行的邀请方之一是德国布郎菲思市市政府。这是一个距离法兰克福六十千米外的德国小城市，面积小，人口也只有一万两千多，但是这个美得如童话一般的城市是整个德国森林覆盖率最高的城市，将近百分之七十的森林覆盖率使它被德国政府授予空气疗养城的称号。

六月四日上午，我们受邀做客布朗菲思市市长史密特先生的家。德国人的社交活动是很少在家里进行的，尤其是政府官员，所以史密特市长在家里接待我们报道组一行是很罕见的举动。这一方面是因为史密特市长对中国怀有特殊的好感，另一方面得益于接待我们

在布朗菲思市市长史密特先生家品尝市长太太烤的蛋糕。
据说德国的家庭主妇都会烤蛋糕。

一行的德国之声电视台的吕龙霈先生，因为他们私交甚好。

车绕过弯弯曲曲的小道来到市长家门口后，我们发现，市长家与他的邻居家比起来并没有多少特别的地方，唯一特别的就是听吕先生说，这栋房子是史密特先生亲手设计并和家人一同亲手修建的，前后竟然花了二十五年时间。我想能自己设计、自己动手建房的市长恐怕在欧洲也不多。

史密特先生给我的第一印象是一个温和亲切的德国老人，碧蓝的眼珠让人感觉到一种发自内心的纯净和平静。在一小时的采访中，我与史密特先生聊了很多话题。他向我介绍了布朗菲思市的历史与现状，谈到了他对曾经访问过的中国的一些城市和中国经济发展的印象，他在盛赞中国经济巨大成就的同时对城市现代化进程中文化遗存遭到破坏极为痛心。在谈到二战之后德国与其他欧洲国家之间致力于化解仇恨、增进交往的工作时，史密特先生所表现出的坦率和真诚给我留下了尤其深刻的印象。他本人因为对这项工作的突出

德国有很多这样的古堡，里面大多还住着贵族的后裔们。

贡献获得了“欧洲议会友好城市市长大奖”，布朗菲思市也因此获得了“欧洲议会友好城市大奖”。这个奖项全欧洲每次只评出一个，所以很能说明史密特先生对世界和平友谊所做出的杰出贡献。

谈到足球时，史密特先生立即呈现出另一种状态。当我问他会不会到慕尼黑看世界杯开幕式时，他不假思索地说：“不、不、不，弄不到票，只能在家看电视。”这对于许多中国人来说也许是难以想象的，堂堂一市之长去看在他们本国举行的世界杯的愿望都难以实现，可以想见在德国官员的权力所受到的约束。

而史密特先生丝毫没有觉得在来自异国的记者面前表示弄不到球票会难堪，他愉快地告诉我，他会和朋友、太太一块儿找个酒吧看比赛。他说那样的感觉更好。我问他，作为市长在酒吧里看球赛有没有什么不方便的地方，他耸耸肩膀摊开手说：“没有、没有，这时候没有市长，大家都是球迷。这个城市的每个人都认识我，我是他们每个人投票选出来的，我是他们的好邻居。”

就在这时，我们的采访被门铃声打断了。几分钟后史密特先生向我们表示歉意，他说邻居家的猫钻进了一间没有人的房子，出不来了，邻居来向市长家求助。这个插曲似乎是在以最快的方式向我们证实他几分钟前所说的话——“我是他们每个人投票选出来的，我是他们的好邻居。”

十几分钟后，市长夫人从邻居家救猫归来，我们的采访也结束了。市长夫人热情地邀请我们一起品尝她家里的中国茉莉花茶和她亲手烤的蛋糕。这次采访的结束时间我特意安排在了《南京零距离》开始直播的时候，我拨通了“零距离”直播热线，和晓乐做了一次直播连线。当然，少不了让史密特市长用我刚刚教会他的一句中国话向大家问好：“《南京零距离》的观众朋友们，大家好！”

德国世界杯期间热情的各国球迷。

三十六、德国人的性格

德国人的严谨是在世界上出了名的。在德国游历的几天里，我当然感觉到了，不过，除了严谨，德国人身上还有更多让人惊叹的特质。

❶ 志愿者阿卡尔

在驱车前往多特蒙德的路上，学德语文学的吕先生和我聊得很投机，提出晚上请我喝酒，而且多年不喝烈性酒的他竟然要和我喝白的。连续的疲劳工作使我欣然同意放松一把。在买酒的小店里我们意外地发现一个年轻人胸前挂着一个印有世界杯标志的胸牌，吕先生马上跑过去和他聊了起来。几分钟后他兴奋地告诉我，这个叫阿卡尔的小伙子是世界杯的志愿服务者，他愿意为我们做向导。

多特蒙德的火车站广场。

第二天一早我们如约见到了阿卡尔。他说我们一定要去多特蒙德市火车站广场看看，那里有一个专门为世界杯比赛设立的一千二百平方米的超大型电视屏幕。一路交谈中我们得知，这个叫沃桑·阿卡尔的小伙子二十四岁，是土耳其人，库尔德族的后裔。我一下子想起国际新闻里那些关于这个民族的不幸消息，不过，这个小伙子很开朗，和大多数穆斯林一样有浓密的胡须、深邃的目光。

来到多特蒙德火车站广场，那个让当地人非常自豪的超大电视墙和震耳欲聋的音乐吸引了很多人的目光，他们在广场上驻足仰望这个庞然大物，这也是我们到德国三天来感受到的最强烈的世界杯氛围。据当地媒体报道，六月二日德国足协主席贝肯鲍尔先生专程乘直升机来为这个大屏幕揭幕。当天，多特蒙德阴云密布、山雨欲来，贝肯鲍尔一到竟然云开雾散、阳光普照，当地媒体惊呼，他们的足球皇帝的光临果然是天降祥瑞。看来，哪里的媒体都会八卦。

距火车站广场不远是该市最著名的和平广场，据估算，开幕式当天会有一百万各地球迷汇集到这里共襄盛举，这对于人口不到五十五万的多特蒙德市而言，其压力可想而知。其中大批球迷会聚集到这两个广场。为了应付那百年不遇的人潮，多特蒙德市做了大量准备。我们在南京也能见到的那种流动公厕就准备了一百五十个，不同的是他们的流动公厕是免费的。走着走着，阿卡尔指着我们脚下说，我们现在踩着的红地毯也是专门为迎接各地球迷准备的，长达六千米。这让我有些意外。在我们中国人的礼仪常识中，走红地毯是最隆重的礼仪之一，走在上面的人非富即贵，而德国人却把这种礼遇提供给了全世界不分国籍、不分贫富、不分信仰的所有球迷，很像《沙家浜》里阿庆嫂的唱词——来的都是客。

阿卡尔告诉我们，他不仅是一个狂热的球迷，而且是一个水平很不错的球员，还兼职做足球裁判，但在世界杯期间，他作为志愿者就看不了比赛了，连电视转播也要请家里人录下来过后再看。我问他为什么愿意这样做，他说，我们每个人都活不了多少年，过几十年我们都不在这个世界上了，能参加一次世界杯，能为这样的大事提供一点儿服务，老了以后回忆起来会觉得很有意义。他的回答很像是“土耳其版的雷锋”。我写前面一句话的时候犹豫一下，因为我不知道到底说他是“土耳其版的雷锋”好，还是说成“德国版的雷锋”好。他是土耳其人，在德国做生意，却愿意为德国举办的世界杯做义工，如果按我们写劳模报道的方式，多少有些“国际主义”的意思在里面，但我想这个年轻人恐怕没想过这么多，这就是让我觉得他更可爱、更能打动我的地方。

采访结束后，阿卡尔竟主动掏钱请我们喝咖啡，让我们很不好意思。聊天的时候，他说起了童年记忆里他们民族遭遇的可怕磨难，气氛也跟着凝重了起来。对于这样复杂的国际矛盾，我拿不出像样的解决办法，也想不出用什么样的话来安慰他，但我想，愿意为别人付出并不求回报的人一定会生活得很快乐，很幸福。

❷ 小事故后的大见识

在德国西部参访的一个早上，吕先生一早出门，开车不小心，把车撞到了路沿上一根突起的护栏，车被高高地顶了起来。下车后，我们看到车底哗哗地漏着淡绿色的液体。当我们正在想该怎么办的时候，每一个路过的司机都停下来，伸出头大声问“需要帮助吗”。一个散步路过的老太太主动帮我们打电话给警察局、消防队、保险公司分别求助。

这时一个瘦高的中年人路过，停了下来，趴在地上检查车辆，然后告诉吕先生，破损的不是油箱，是一根排水管，不严重，只要把车抬下来，开到维修点就可以了。可是我们四个人中一位女性，一位老人，把他算上也只有三个劳动力，实在抬不动这辆旅行车。这时消防车赶到了，下来六七个壮汉，长得跟德国足球队队员差不多。我们想这下可好了，可没想到这些消防队员看了现场后，摇摇头都不动手。瘦高的中年人跟消防队队员说，他是汽车维修工程师，是专业人士，请他们帮忙把车抬下来就可以了。可消防队队员们说，他们的工作程序不是这样的，必须有保险公司在场，他们才可以工作。瘦高的工程师听了很生气，和他们吵了起来，他说：“你们怎么可以这样？在别人需要帮助的时候袖手旁观？你们的程序既愚蠢又死

我们的车出事了。

板！”可消防队队员执意按原则办。气愤的工程师在我们车里找出千斤顶，自己动手了！就在这时，一辆警车赶到了，下来一男一女两名警官，了解完情况后要求工程师立刻停止，等待保险公司的人，并告诉他：“你的专业只能在你的厂里，在公众场合必须服从警察。”

几分钟后保险公司的人到了，了解完了情况后立刻调来一辆起重机，把我们的车吊起来拖回去修。到这会儿，我们这个小小事故的现场已经聚满了消防车、警车、保险公司的吊车，有警察、工程师、消防队队员、保险公司救援人员等一大群人。这时瘦高的工程师走到我面前说：“听说你们是来自中国的记者，中国的经济正在飞速发展，可德国的经济却在持续滑坡，什么原因？眼前就是最生动的例子。德国纳税人就养了这么一帮效率低下的公务人员，真让人生气。希望你原谅。”我赶紧向他致谢并解释，大家都是在帮助我们，

消防车赶到。

只是方式不同，千万不要弄得不愉快。最后两名警官走到我面前，正式通知我处理意见。警察说，那个工程师是一番好意，但他的方式不符合法定程序。如果在他的帮助过程中车辆发生了更大的损失，保险公司将不负责赔偿。“现在我通知你：这辆车买了保险，拖车费、维修费都在保险范围内。这辆车在维修期间，保险公司将为你们提供一辆同样的旅行车，让你们免费使用七天。希望这个小插曲不要影响你们的心情，祝你们在德国一切顺利。”最后那名警官还向我提出了一个小小的请求，他说，他注意到我们是记者，如果我们把这件事拍成了新闻，最好不要在德国播出，因为他下车时比较匆忙，忘记戴帽子了，播出后会影响德国警察的形象，纳税人会不满意的。我向他保证不会并再次向警察和消防队队员表示了感谢。半小时后我们拿到了一辆崭新的欧宝旅行车。

我们的车被拖走了。

一个很小的事故引来了这么多相关工作人员和市民，他们之间为了帮助我们竟然还发生了争吵。我很感谢他们每一个人，因为他们都是为了减小我们的损失。德国人的热情、礼貌和严格按制度办事给我们留下了深刻且美好的印象。

三十七、熟悉的陌生人

德国离我们有万里之遥，不过，这个国度里有着众多让我们耳熟能详的地方，也有着众多被我们挂在嘴边念念不忘的大师、名人。

❶ 波恩 & 贝多芬

离开多特蒙德后，我们到了曾在中学历史书上熟悉的城市——波恩，曾经的联邦德国（德意志联邦共和国）的首都。音乐大师贝多芬的故居就在这里，这也是我向往的地方。

按照行程的安排，我们首先要访问德国之声电视台。下午两点半我们如约而至。德国之声国际部主任蒂曼女士热情地接待了我们。在大门口，我就惊讶于德国之声总部大楼的气派。德国同行告诉我

我和贝多芬故居的工作人员。

们，这栋大楼是目前德国造价最昂贵的大楼之一，原本是为联邦德国的首都波恩建的议会办公楼，没想到大楼刚建好就迎来了德国统一，首都从波恩迁到了柏林，后来德国政府就把它作为了德国之声的总部大楼。德国同行介绍说，这栋大楼最大的特点就是全透明。外墙是透明的，办公室是全玻璃透明的，就连电梯也是透明的。走进这座大楼，每一间办公室里的情景都尽收眼底，一览无余，唯一不透明的屋子恐怕只有洗手间了。我的一个同事问，那办公室里岂不是一点儿隐私也没有了？一个长相英俊且有一个中国名字的德国同行冯海音对我们说，这栋大楼造价昂贵，都是用纳税人的钱盖的，所以设计的时候就是要让每一个议员的工作都能让纳税人看到，保证他们每一个人在工作的时候都是透明的。我们也没有想到会搬到这里来办公，让我们的工作也变得这样透明。说罢他就爽朗地笑了。看来，德国人的政治透明化都渗透到了建筑领域。值得一说的是，德国之声是政府投资的媒体，但是德国之声从来不听命于政府，政府也从不以老板自居，德国之声要求每一个记者对一切来自政府的言论和政策首先要持怀疑态度。

在我的想象中，联邦德国的首都无论如何也应该是一座标准的国际化大都市，高楼林立、霓虹闪烁、车水马龙，来到波恩时才发现，它原来是一座只有三十万人口的“小城市”，用德国人自己的话说就是一个“国际小村落”。世界上恐怕没有哪个发达国家会把首都选在这样一个乡土气息浓厚的城市。然而这正深刻地反映出二战结束之后德国人的心态。他们把首都放在这样一个田园牧歌式的偏僻小城，就是要彻底改变全世界对德国在历史上那种强悍好战的印象。

前不久我看到一篇文章在介绍波恩的时候这样写道：波恩，这座莱茵河畔花园式的城市享有了半个世纪的首都的荣耀，一夜之间又把首都还给了柏林，那份失落至今还在波恩人心里隐隐作痛。可是当我和一些德国人谈到这个话题时，他们的回答并不完全相同。一部分德国人觉得首都就应当在柏林，这就是德国历史的原貌，还于旧都，无可厚非；而另外有很多德国人认为首都定在柏林不利于德国的国际形象，因为柏林在全世界人民的心目中注定将永远和那场战争联系在一起。冰冷的政治、痛苦的历史给柏林这座城市积淀了太多德国人不堪回首的记忆，德国人更希望给全世界的印象是像波恩那样的亲切、宁静、平和。今天，大多数德国人更愿意把幸福和未来寄希望于一个统一的欧洲，而不是重现一个强大的德意志。这些所见所闻和历史上德国总理在波兰出乎全世界意料的一跪联系在一起。在今天，世界上并非每一个民族都有这样的勇气和理智去面对自己的历史，从这一点说，德意志这个民族特别值得我们尊敬。

黄昏时分，我们终于可以去拜访贝多芬的故居了，颇费了一番周折，我们才找到了这个世界历史上最伟大的音乐家的出生地。没有想到这样一个伟人故居竟然和周围的建筑完全融为了一体，除了墙上一个不大的贝多芬头像和一块特殊的门牌，再无更多标记。更让我遗憾的是，当我们赶到时参观时间已经结束，只见到了一个七十多岁的看门老人。我没有奢望严谨的德国人能为我们通融，我只提出和这个白胡子老人在门口照一张相，以示我们对这位伟大音乐家的敬意。就在我们转身告辞的一瞬间，老人突然对我说：“来这里参观的游客中国人最多，因为中国是一个古老而伟大的民族。”老人的话在我脑海里转了很久。的确，中国和德国的人民应该多亲近一些才好。

❷ 马克思的故乡

特里尔是德国西部靠近卢森堡边境的一座小城，坐落在莱茵河支流摩泽尔河的北岸，青山绿水环抱，风景如画。之所以要来到这里，很大程度上是因为这里曾走出了一个影响了中国历史进程甚至是世界历史进程的思想启蒙者——马克思。

其实，特里尔城是欧洲最古老的城市之一，始建于公元四十年，非常难得地保存了古罗马时代的遗迹，最著名的就是一进特里尔城远远就可望见的雄伟的黑城门。这座如今被联合国列入世界文化遗产的古罗马建筑甚至躲过了二战的浩劫，至今仍屹立在摩泽尔河畔。

从黑城门我们步行前往马克思的故居，走了一段很长的青石

马克思故居挂像。

路。我看过一篇文章有这样的描述：马克思当年就是走在这青石路上，思索着人类发展的规律和资本主义罪恶的根源。其实马克思一八一八年五月五日出生在特里尔，只居住到了一八三五年他十七岁高中毕业。作为一个高中学生的马克思未必就已经开始了他对资本主义制度的深刻思考。

如同波恩的贝多芬故居一样，当我们已经走到马克思故居门口时，如果不是吕先生提醒，我们根本没有注意到这间普通的德国民宅和沿街的其他房屋有任何不同。推开那扇窄窄的门，我们才注意到这里大多数标志都同时注有中文和德文。这是在德国任何地方都不曾出现的情况。稍微想一想也不奇怪，连昨天贝多芬故居门前的白胡

马克思和夫人燕妮的雕像。

我和马克思纪念馆馆长伯维叶教授。

特里尔城里建于古罗马时期的“黑城门”。

子老爷爷都告诉我们，贝多芬故居的访客中中国人最多，我们也就不难想象马克思故居的中文标志因何而来了。

这是一座三层楼的住宅，窄窄的楼梯、窄窄的走道、窄窄的小院，却诞生了一位思想博大的哲学家。院子里马克思的青铜头像和他夫人燕妮的雕像静静地立在爬满青藤的角落，静静地看着来到这里的人们。每个房间里的图片的注解都是德文，忽然一个熟悉的面孔出现在我眼前——毛泽东。青灰色的墙上，毛泽东的照片下有一句用德文刻的话。我赶紧请教吕先生，他一字一顿地念给我听：凡是敌人拥护的我们就要反对，凡是敌人反对的我们就要拥护。我想，很多到过这里的中国人看罢一定都会会心一笑。作为思想家的毛泽东一生说过很多至理名言，可马克思故居里不知为何选了这一句。

马克思故居内景。

非常凑巧，当我们准备离开时，一个衣着端庄的德国女士主动迎上前来自我介绍。她就是这里的馆长——伯维叶教授。一看她的名片更觉亲切，因为它跟我所见过的德国朋友的名片都不一样，这张名片正面印中文,反面才印德文。这倒很像是我们的名片,正面印中文,反面印英文。伯维叶教授对我说，马克思是众多德国思想家中的一个，但是他研究剖析社会问题的方式非常具有科学价值，而他的哲学方法论即便是在二十一世纪都仍然具有它的特殊意义。我对她说，德国出了很多伟大的思想家、哲学家，你们是一个很善于思考的民族。她听完之后脱口而出“过去是这样的”，说罢大笑。

我在离开之前翻阅了那本厚厚的参观留言簿，每个造访者都可以在上面任意留言。我浏览了一下，中文、英文、俄文、德文都有，内容五花八门，其中我的同胞们留下了很多崇敬膜拜之词，也不乏标签、口号式的评价。我们不敢在伟人面前妄下评论，最后写下了一行字：孟非、向青、季双亭二〇〇六年六月七日来过这里。

第九部分　以色列十日谈

二〇〇九年，受以色列政府邀请，我随江苏卫视前往以色列，要在那里拍摄一部向中国观众展示以色列文化、历史的纪录片。邀请函是以色列政府发出的，寄了两份，一份邀请江苏卫视派一个摄制组去拍片，另外一份指名邀请“孟非先生”。于是，难得从“零距离”每天读报、评论中解脱出来的我，带着无比的轻松和向往，飞向了特拉维夫-雅法，开始了我在以色列这个神秘的国度的难忘旅程。

三十八、神秘的国度

以特拉维夫-雅法为起点，我开始了解以色列这个神秘的国度。

❶ 随处可见的意外

经过了全世界最严格的安检、问询和十个小时的飞行，我们乘坐的以色列航空公司的飞机降落在了以色列首都特拉维夫-雅法（以色列人心目中的首都永远是耶路撒冷，但是由于和巴勒斯坦的争端，很多国家都把特拉维夫-雅法当做以色列的首都，包括中国、美国在内的很多国家的驻以大使馆都设在特拉维夫-雅法）的本-古里安机场。这个机场是以一九四八年以色列建国的第一任总理本-古里安的

戈兰高地留下了很多战争遗迹。

名字命名的。初入这个国家的时候，我们充满好奇地朝着舷窗外看去，以悠久的历史和整日的炮火闻名于世的以色列，到处是连绵的山脉，灰蒙蒙的房子，一切看上去都很普通。但在之后几天的拍摄和游历中，我最初的看法随时随地就能被现实修正，最后演变成叹为观止。

按照行程，连时差都没有倒过来，我们就要开始紧张的拍摄了。为了方便我们和当地人交流，以色列方面特地安排了一名专职导游陪同，他是台湾人，姓张，是一名牧师，曾经在希伯来大学教书，会用英语、希伯来语和中文交流，历史、宗教方面的知识非常渊博。

拍摄了大半天后，带着一身的疲惫，我也终于可以定下心来仔细审视特拉维夫这座陌生的城市了。车开着开着，张牧师突然指着前方一栋灰蒙蒙的建筑，让我们快看。我抬眼望去，那是一栋类似中国二十世纪八九十年代单位宿舍楼一样的建筑，六七层高，四四方方，也就比大部分筒子楼略好一点儿。我不知道这有什么可看的，

在以色列被晒得很黑。

只听他平静地说：“那是以色列国防部。”我立刻特别吃惊，因为那栋楼的门口也没有什么指示牌，要不说还真看不出来是那么重要的地方。一车人都感到惊奇，只有他见怪不怪，说以色列的建筑都是这样。

没过多久，车拐了一个弯，前面土坡上又出现了几栋小房子，张牧师的手再次一指：“这是摩萨德。”当时我就肃然起敬了，要知道“摩萨德”可是以色列情报和特殊使命局，在冷战时期，它的活动能力和影响力足以和美国的中央情报局媲美。

车到了吃饭的地方，由于靠近国防部的缘故，餐厅周围的以色列军人特别多。从餐厅的窗户看出去，一对年轻的男女军人正坐在露天长凳上热情似火地拥吻调情，旁若无人，动作的火辣程度如果拍下来定然通不过中国的影视审查。无论怎样，以色列男女军人热情忘我的缠绵成了这顿晚餐中唯一难忘的部分，也改变了我对军人固有的看法。

在以色列期间，我们随时随地能感受到意外。在赶往以色列东北部的卡茨林镇拍摄时，一路上我们不停地看到有坦克、装甲车来回经过，一旁的山上还能看见机关炮的炮头。我偷偷问张牧师，那是什么地方？我们不会有事儿吧？张牧师担心我们有心理阴影，赶紧说："不会不会，这里是戈兰高地，天天这样，不会突然打我们的。"

戈兰高地？这就有点儿意思了。在我小时候，《新闻联播》里几乎天天都会提起这四个字，这是一块介于以色列、约旦、黎巴嫩、叙利亚之间约一千七百一十平方千米的土地，以色列和叙利亚为了它常年进行着战争。这次真的从这里经过，除了看到有很多铁丝网等军事设施，好像也没有什么特别的。

正想着，我的手机来了一条短信：中国移动提醒您，以色列欢迎您。刚看完返回收件箱，又来了一条：中国移动提醒您，约旦王国欢迎您。接着又来了一条：中国移动提醒您，叙利亚欢迎您。这种混乱的手机信号，一下子让我觉得这里真是神奇的所在。

其实，常年和邻居们发生战乱的以色列，一般的国民反倒处变不惊，生活过得优哉游哉。刚到特拉维夫的那一天，我们从有着几千年历史的雅法古城开始拍摄。

以色列有这么一条法律，说是超过一定年限的建筑，产权虽属于公民，但外观不允许随便改动，只允许内部装修，因此，雅法到处存在着历史与现代并存的奇迹。

我们在当地进行拍摄时，一位老先生就在一座用石头垒起来的老房子门前向我们招手，我们进去之后，这位非常热情好客的主人维克多就向我们介绍，他家这栋房子有九百多年历史了，是祖上留下来的。我一换算顿时张大了嘴巴，相当于我们宋朝时期的建筑直到今天还在使用！这简直就是我亲眼见证的奇迹。更让人惊讶的是，维克多把这座老宅子装修得很现代也很舒适，甚至给这栋四层楼高的屋子装上了电梯，墙上还挂着四十多英寸的超薄液晶电视……

交谈中，维克多告诉我们，他去过中国，对中国人的印象很好，看到我们很亲切才向我们招手。他给我们看他的相册，里面的照片都是二十世纪九十年代初在中国拍的，在上海，在广州，在很多地方他都留了影，还有一张是他站在北京卖红卫兵帽子的店里拍的。

不光是他日子过得滋润，维克多还说他那片地方住的人都是搞艺术的，最拿手的是做各式各样的银首饰，我感觉那些和中国的小摊上、夫子庙里卖的差不多，没看出有什么特别的，结果一问吓一跳，维克多拿出来的银玩意儿，便宜的在以色列也得要一百多以色列新谢克尔(当地货币)，折合人民币居然得六百多！我们全都表示吃惊。

❷ 神圣的宗教

在以色列的第五天下午，我们终于去了著名的圣城耶路撒冷。印象中它之所以出名是因为以色列和巴勒斯坦一直都在争夺它，但真正去了那里，从它带给我们的深切震撼中，我才真切地体会到，那种争夺背后的力量来源。

刚到耶路撒冷，我突然就开始有一种神圣的感觉从骨头里向外膨胀。世界上有三大宗教，为什么除了佛教，基督教和伊斯兰教都把耶路撒冷尊为圣城？为什么两千多年的争夺战下来，全世界还是没有哪个领袖可以解决这个问题？又为什么它让我油然生起一种顶礼膜拜的感觉呢？

一路上，博学的张牧师向我们介绍了很多让人肃然起敬的地方，我们到了耶路撒冷标志性的建筑之一——阿克萨清真寺外头，站在门口，他一脸敬畏地说：“《古兰经》里真主升天的地方就是这里，穆斯林们为什么豁出性命都要来朝拜，也就是出于这个原因。”

没多久，张牧师又带领我们走向前头离清真寺三四百米的地方。

阿克萨清真寺的金色圆顶。

从一条小巷子走进去，在一所大教堂前，又介绍说那就是耶稣受难的地方——圣墓教堂。我看着那座建筑，大脑都有点儿缺氧了。

进入教堂后，我第一眼就看见了一块特别厚的大青石板，没等走近就闻到了它散发着的异香，所有来到这儿的人都在上面摸，以至于石板光滑得像涂了油一样。一问才知道，这是传说中耶稣遗体从十字架上卸下的地点。我出于好奇，也去摸了一下，那时大概是上午十点，结果一直到晚上回到酒店，我手上的香气还浓郁得像洒了半瓶香水一样。

摸完青石板之后出了教堂，再往前走，就看见在一个十字拐角的路口，好多人正围着一堵墙看。我走过去，一眼就看见那面墙上有一块砖头，上面有一个手印，被摸得锃亮。张牧师告诉我，当年耶稣背着十字架走了好几千米，就是在这里快摔倒了扶了一下墙，扶的就是那块砖，留下了这么个手印。

耶稣的遗体从十字架上被放下来就曾被安放在这块石板上。

再后来，我们还看到了那堵著名的“哭墙”，许多朝圣者都跪在石墙前低声祷告。我突然想起，一九六七年，以色列特种兵空降在耶路撒冷老城外的一个土坡上，回到故土的他们直奔哭墙。用他们的话说，就是：我们每个人都在祈祷，你在你家祈祷，我在我家祈祷，都在和上帝说话，我的愿望，我的苦难，都在跟上帝说。

那里，距离上帝最近。

远处是阿克萨清真寺。

在介绍名胜古迹的同时，张牧师还告诉我们，他是研究《圣经》的，对照《圣经》再去了解以色列的历史，《圣经》中有大量内容都能通过考古得到印证。

而我们后来去了拿撒勒著名的天主报喜堂，老先生告诉我，当年圣母马利亚刚刚知道怀孕的时候，就在这个教堂里进行了祷告。有考古发现最早的教堂建于中国的元朝时期，在加加利湖，《圣经》里说耶稣曾在那里沿途布道。老先生又证明，根据考古，那里确实也发现了布道的痕迹。

我听到这里，大脑再次有些缺氧。

③ 意外的口福

对于绝大多数中国人来说，以色列是个遥远的国度，加上两国民间的交往其实并不太多，所以大部分人对它都感到很陌生。不过，在中国美食扬名世界的当下，中以两国人民起码在吃这片领域，是很有必要交流的。

从第一天到特拉维夫开始，走在大街上我们就能随处看到四个中国字——海鲜、按摩，有中国人的地方都有这四个字。

和中国菜比起来，以色列的菜我感觉价格不菲，味道一般。不过，饭后的茶点倒是让我回味至今。以色列人习惯在红茶里加两片薄荷叶（希伯来语的发音近于 nana），喝进去有一股清香的味道，就像刚刚刷完了牙一样，余味悠长。由于我对它特别念念不忘，回来以后，我还特地推广了一下这种红茶的泡法——拿一些新鲜的薄荷叶，在泡红茶之前，放两小片到茶叶里，再用开水一泡，喝完之后一天都唇齿留香，凉丝丝的，感觉特别好。不少人试过之后，都很感谢我。

我们在饭后不光喝了薄荷茶，还品尝了一道像布丁一样的甜品，尝第一口，我就觉得怎么那么好吃呢，于是，马上通过翻译叫服务员过来问甜点的名字，服务员说："马格碧（希伯来语发中文音叫"马格碧"，英语拼写疑似 magebi）。"我一听就愣了，等第二天吃饭，服务员问要什么甜品，我们一行五个人想都没想，异口同声说——马格碧。

就这么在以色列吃了十天，正餐我倒没什么印象，光记得每天都要喝红茶，加上名叫"nana"的薄荷叶，再来一道甜品——马格碧。

三十九、我们不了解的以色列

在当地听说了一些新鲜的事，也有了一些有意思的体验。

❶ 死海 SPA

当时我们住的是希尔顿酒店，死海附近少有的几个五星级酒店之一，离海岸线大概就五十米。

远远地看死海，它是红色的，走近了看又变成了淡绿色，清澈无比，在碧蓝的天空下，它美得简直像只有童话里才存在的地方。我们拿着酒店发的服务图册，本想先请那金发碧眼的以色列美女给我们做个顶级的奢华 SPA，躺着看看报纸，喝喝饮料解解乏，但是排队做 SPA 的人实在太多，我们想了想，就直接换上泳衣先去死海了。

海里几乎没有人，我们也乐得不跟别人挤，优哉游哉地下水了。

以色列海边。

但没到五分钟，我们几个都迫不及待地从水里出来了。进到死海才知道，那海水的盐浓度之高，让它简直成了一锅盐卤子。人是漂起来了，但人也像一块块鲜肉被腌了起来，大家身上难免有些受过伤留下的疤痕，泡在那么可怕的盐水里，油然而生一种万箭穿心般难受的感觉。

后来我们回过神来了，可不没有人嘛，谁敢到这里泡着？再寻思一下刚才在死海里的感受，沙滩上的海水都结了晶，要下去必须穿拖鞋，否则脚肯定被扎破，所以这就解释了为什么其他人都只在游泳池里泡着。

我们几个赶紧上岸改去做按摩，又等了一个小时，才听到服务员喊了一个特别国际范儿的名字“莫非”，我就知道轮到我们了，就这样，在我们几个人中，我第一个被带走享受美女 SPA 去了。

领我走的是一个穿着红色橡胶皮材质衣服、脚蹬靴子的大妈，我还特别疑惑，心想怎么不是服务图册上的金发美女？我自我安慰，

看镜头！

心想大妈之后应该就是美女了。抱着这样的想法，我们到了一个包间，里头有一张宽不到一米的单人床，大妈给了我一小卷纸内裤，示意我脱衣服，还不知道说了一句什么话，然后就出去了。

等换好衣服后，我就往床上一躺，等着服务图册上的那个以色列美女进来。等啊等啊，过了两分钟，有人敲门了，但请进来后，居然还是那个大妈，手上拎着一个大桶，一股恶臭扑鼻而来。

我一下子诧异起来，不知道是什么状况，那种恶臭比腐烂鱼虾的味道还难闻，有一种说不出的恶心。我们语言不通，我只能干躺在那里，结果大妈就从我的脚尖开始，流水线作业似的一直把桶里的东西糊到我的头顶，只露出两个眼睛。后来我才知道那是海泥，被烫得热乎乎的，没有什么杂质。糊完之后，她又用一张塑料纸从头到脚把我裹了半天，跟裹粽子一样裹好，之后就走了。

我也不知道大妈这么做是什么意思，我躺在那里，忍着热和强烈的臭味，脑子里仍然在想："是不是这个裹完之后，金发美女就该来了？”但一直等了快二十分钟，还是没有等来美女，又是大妈来了，二话不说把我身上的塑料纸全部打开，又让我下床走到淋浴的地方。像变戏法一样，不知道她从哪里拿出一个高压喷枪，接上水龙头，哗啦啦地就开始冲我身上厚厚的海泥。

她在作业的时候，我就像犯人一样站着。忙了有五分钟，等她冲完了，一整套 SPA 服务也就宣告结束了。

我做完 SPA 了，同行的其他四个人也陆续出来，大家一交流，才发现各自遇到的情形都一样，好像还都是同一个大妈干的。我们就开始骂：“广告太害人，美女哪儿去了？为什么是个大妈？难道是美女长成大妈了？这么多年一直没有换过人？”

当时我们真是后悔死了，就这么一套东西，做了也没什么效果，还贵得要命。但后来听说欧洲的那些王室成员，尊贵如王子王妃到死海，享受的也就是这样的一套服务，我才说服了自己不再计较。

最终，我们一致决定：以后谁要到以色列，一定要推荐他（她）到死海享受这顶级而又奢华的 SPA 服务——不能只让我们上当，得让大家都去！

❷ 法治社会

在以色列的十天里，给我们开车的司机是以色列旅游部的工会副主席，在中国差不多就是个副部级干部了，那些天我们一直享受着副部级司机开车的待遇。

千万别以为那只是一个小人物，他的权力其实大得很。一路上，听了这个叫茨维卡的副主席介绍，我才知道，以色列的工会强大无比，

圣城耶路撒冷随处可见荷枪实弹的士兵。

任何组织或企业，只要在以色列国土上引起工人的不满，工会主席就可以即刻发起一个针对它们的局部性乃至全国性的罢工。以色列法律规定了，罢工最长期限是七天，针对任何雇主和政府的罢工都是合法的，只要提前七天申请就可以。

而在以色列，无论职员给出什么理由，都可以发起罢工。比如，我觉得某人对我说话不客气，或者老对我有意见，我受不了了，就可以联合他人到工会表决，通过了，工会就能组织罢工。长此以往，资方和政府多多少少都吃过罢工的苦。一般来说，基本上只要是罢工，很有可能要不了七天，甚至只在申请阶段，工会提出的所有条件都会被答应。最多拖到七天罢工结束，事情也就都解决了。

有一种行业，解决罢工的问题是最快的，那就是电视行业，总

耶路撒冷老城里有很多这样的士兵，他们的任务除了维护治安就是和游客合影。

是提出罢工不到二十四小时，问题就立马被解决了——人民不能没有电视看嘛。

不光是民间罢工，连政府部门也一样可以罢工。以色列的国防部也有工会，并且地位极高。有一回，工会因为不爽发起了罢工，罢工前五分钟职员们还在处理文稿，可罢工时间一到，不管是字写到一半还是正在处理文件，统统一放，开始罢工。同一时间，国防部陷入了瘫痪。而到罢工结束那天，准时到秒，所有人都结束了罢工状态，继续完成罢工前没有做完的事，就像什么事都没有发生一样。

他们做得非常规矩，绝对是法治社会下的所作所为。

有关罢工的事例听得我们心里痒痒的，总觉得这么有意思的事自己也得亲历一下。有一天，我就和茨维卡商量：“我们来了这么多天，也没有见到一次罢工，既然你是工会的头儿，能不能组织一次？规模不用太大，我们也怕惹事儿，就让我们看一下、拍一下就行，反正也是合法的。”茨维卡有些为难，因为罢工必须提前七天申请，即使申请下来，我们也早走了。所以，这事儿也就作罢了。

话说回来，以色列这种合法罢工，其实在西方社会是很常见的。通常的模式是某个行业、某个人或某些人牵头，提前申请罢工，在具体的表格上写上具体的罢工天数，并写清楚起止时间，之后就可以一切按照程序来进行。

像我二〇〇四年赴希腊采访奥运会的那次，在希腊看到的公交车司机大罢工，正说明罢工现象的普遍。因为欧洲杯的比赛时间和公交司机的工作时间冲突了，看不了比赛让他们很生气，他们就决定要罢一次工。按理说，比赛看不了这也怨不了政府，要找只能找欧足联，但他们也找不到欧足联头上，政府就成了替罪羊。

那天，到了罢工生效的时候，公交车司机把车开到一半，就把钥匙一拔，回头冲乘客喊：“大家下车，时间到了。”之后车就停在了大马路中间，司机走了——这事儿警察来了也没用。乘客也不吵不闹，大家都表示理解，那是司机在维护他们的正当权利，都是下来之后各自想办法离开。唯一比较尴尬的是，公交车在街上一停，交通就堵了个一塌糊涂。

那次公交车罢工只批了二十四小时，于是到第二天早上罢工结束的时候，警察都在公交车边上等着了，司机必须来把车开走，否则，哪怕超时一分钟，那些司机就要倒霉了。当时这事儿我看得极其新鲜。

四十、“人民公社”基布兹

在以色列最大的收获之一是走访“基布兹”。关于基布兹我曾有耳闻，所以去之前我就认为，它会是我们拍摄内容中最特别的，也是上点儿年纪的中国人感觉最亲切的部分。

❶ 物质按需分配

基布兹是希伯来语“团体”的意思，用最简单的语言来描述的话，基布兹就是以色列的人民公社。以色列政府规定：基布兹是一个供人定居的组织，它是在所有物全体所有制基础上，将成员组织起来的集体社会，没有私人财产。它的宗旨是在生产、消费和教育等一切领域实行自己动手、平等与合作。简单地讲，基布兹就是一个公有社会，共同劳动，按需分配，实现内部民主和平等，人人为我，

以色列酒庄的美女。

我为人人。

现在在以色列，有很多大大小小的基布兹，每个城市也都有块区域归基布兹，大的基布兹甚至相当于一个小城市。它们已经逐渐演变成工农业结合的社区，里头有工厂、牧场等“人民公社”需要的部分。

我们去的那个基布兹，是个高度发达的人民公社，那里无论是主持人还是大学教授或者是清洁工，待遇都是一样的——房子按人头来分，都是在大食堂吃饭，也不需要货币，人们需要什么，比如游泳、健身、看电影、消费，等等，只要提出都能被满足。他们的小孩儿一生下来就有福利，医疗、保险等，从生到死，基布兹全都包。唯一的一点儿区别体现在人口上，人多的房子会大点儿，人少的房

采访基布兹负责人。

子也就相应地小点儿，孩子多的家庭，分到的东西相对多些，反之就少些。

不仅如此，基布兹里还有很多车，比如说成员要去见一个距离基布兹很远的朋友，那么只需要在电脑上登记，就可以随便开走其中一辆，加油、维修什么的，根本不用操心。包括小孩儿，到了一定的年龄也都给配上自行车。到了吃饭的钟点，自行车往路边一放就行，根本不用锁，因为绝不会有人偷。

这样的“人民公社”，物质也是极为丰富的，一般来说，基布兹里一个庄园的产值，有时候甚至能够抵上中国中西部好几个城市的产值总和。所以，基布兹里的人，日子过得好得很。

和公社成员在一起。

❷ 全体大会做主

在基布兹，每个周末的晚上都要开一次全体大会，除了公布上周“公社”的产量、销售以及结余等情况外，还要讨论前一周积累下来的要处理的事，比如，某人的孩子去特拉维夫上大学——基布兹里没有大学——需要一笔费用，全体大会就要表决，通过了才能上；而某人要出国旅游需要费用，同样需要全体大会表决决定。

我们一行五人在“公社”拍摄期间，刚开始有人专门陪同、接待，但走着走着，到了饭点竟然没人提吃饭的事儿，我们又累又饿，还是在公社外解决了吃饭问题。后来才知道，这是事出匆忙，陪同人员并没有提前申请预算导致的。

我们坐着这辆非常破旧的老款路虎，在以色列的荒原上奔驰。

在基布兹里，谁都没有权力单独决定公共开支，公社成员来了朋友，只能用自己的配给请客招待，如果要从公社走账，则必须提前一个星期向全体大会申请。比如我们来了，就得提前问：“有拨儿中国人要来吃饭，请不请？”

基布兹内部的一切事务，都以全体大会的形式讨论决定，包括选举领导。

我走访的那个基布兹的负责人，就是全体大会表决出来的。他是个农民，平时也需要干活儿，不能脱产。我们在地里找到他的时候，他穿着绿色汗衫、土黄色短裤及一双旧兮兮的凉鞋，头发乱糟糟的。就是这个怎么看都是标准以色列农民形象的人，却管理了几万人，规模简直和我们的一个大型国企不相上下。在基布兹里，大家推选管理者，不看别的，只要能保证公开公平就行，对道德水平要求反而比较高。比如，房子已分完了，但“公社”又加盟进来几个人，这些人要有住处，问题怎么解决？找到了房子，但房子不可能一模一样，可能有大小或朝向的区别，又要如何体现公正？

在基布兹里，能担任最高长官的机会只有一次，任期一到，不管干得有多好，哪怕是带领大家将产值翻了十番，都不能连任。和我们接触的这位基布兹的最高长官，很受大家好评，他手下有很多高级工程师，比他牛多了，但都很服他，他也乐于为大家服务。

③ 想进“公社”不易

听基布兹的负责人说，“公社”里的人素质普遍都很高，高级知识分子、政治家、政客、律师等，不一而足。以色列有很多任总理，都是不同的基布兹的一员。所有基布兹里的人都不领工资，只领一定的配给，干活儿完全出于自觉。

我问负责人：“公社里的人，能在外头兼职吗？比如说一个大学教授，在公社教中学生，但在外面的大学还有工作，怎么兼顾？”他想都不想，就像很多人都问过这个问题一样，平淡地告诉我，进到基布兹以后，就成了基布兹的一员，至于还要不要在外头工作，全看成员自己的意思，反正他们在外的一切收入都要上缴，再按照一定的配给分配。

为什么基布兹的人素质普遍比较高？首先是门槛问题，自私些的，谁愿意到基布兹里自讨苦吃，把自己的财产拿来和别人共同分配？并且，想进基布兹还需要事先申请，不是同意过按需分配的日子就可以，只有全心全意想为“公社”服务，又有一技之长，同时还愿意按照“公社”的游戏规则办事的，才有进入的资格，而且基布兹

古罗马时期修建的城墙遗址。

里的社会角色还是一个萝卜一个坑，不会出现某一类别的人员，比如工程师过多的情况。

基布兹的人数占到以色列全国总人数的百分之四，“公社”里不配军队，也没有犯罪，可以说是以色列相当主流的“社区”，甚至中国还有很多考察队到以色列考察过。

在世界上有很多社会主义国家，多少年来都追求着共产主义，到最后要么是走了样，要么就是另起炉灶，就连始终坚持公有制的古巴，现在也已经允许私有了。然而在以色列这个资本主义国家，“人民公社”竟然顺利地运转了六十多年，到现在还红红火火，显然除了制度保证它存在的合法性之外，很大程度上归功于公民的素质之高。

不过，联系到在以色列的这几天，我们接触到的独特的宗教文化和历史背景，我也就能理解，生活可算寡淡的基布兹，深深扎根于以色列这样的国家，是有其合理性的。有这样一个典型的事例：每个周六，信奉犹太教的以色列人都要过安息日，根据《圣经》所说，上帝创世纪六日后的第七日是休息的日子，从周五日落开始，到周六晚上结束，这一天，一切活动都被禁止，包括禁止生火做饭。

大人们有信仰，可以坚持下来，而孩子们不懂事儿，很容易违反教义，那么怎么办呢？以色列人为了达到传承文化的目的，就把最好吃的点心都留到安息日，在这一天，孩子们也从来不会被责骂，在高高兴兴的心情中，他们感受到了主的光芒。

也许就是通过这个，我理解了以色列人的信仰。

④ 他们对我们的感情

以色列有一项全球顶尖的沙漠滴灌技术，它使世界上八十多个国家的农业生产受益，可以说为人类文明发展做出了极大贡献。

在一九四八年，那时以色列刚建国，几乎有一半国土都是荒漠。忧心的以色列人就把土壤样本送到美国，让世界上最权威的研究土壤的大学分析那样的土壤适合种什么。一个月之后，测试报告出来了，说来也好笑，居然是什么都不适合，因为那是荒漠。

以色列人却不服输，靠着自己的勤劳和技术，愣是发明了沙漠滴灌技术。从一九六四年应用以来，这项技术从根本上改变了传统的耕作方式，对世界上干旱、半干旱地区的农业生产有着非常重要的意义。此后三十年，以色列的农业用水总量一直稳定在十三亿立方米，而农业产出却翻了五番。

在基布兹参观拍摄的时候，我就看到农田里面密布着用来滴灌

手扶以色列现代艺术家的作品。

的输水管线，当地人很自豪地说“那些美国人说我们什么都种不出来，你看，我们还不是全都种出来了！”

以色列的滴灌技术如此先进，按道理说应当是绝对保密的，但他们并非如此，或者说起码他们对中国人是极为慷慨的——中国西北部的很多省份都采用了滴灌技术，那全是以色列无偿援助的，而之所以这样，那是因为以色列人觉得中国人好，所以才这么帮中国人。

至于以色列人为什么觉得中国人好，我听说过这样一件事儿：当年曾经有数万犹太人为了逃避纳粹的屠杀，最后流亡到了上海，在那里他们得到了中国人无私的帮助，所以以色列一直对中国抱有感激之情。这种传闻我本来半信半疑，去了以色列之后，我才知道那是真的。

对于历史上帮助过他们的人，这个民族有着强烈的感恩之情，所有到以色列去的中国人，都能感受到当地人发自肺腑的友好。我也就能理解，为什么以色列要把滴灌技术无偿输出给中国。

这是一个经历了太多苦难的古老民族的宝贵品质。

图书在版编目（CIP）数据

随遇而安／孟非著. —杭州：浙江文艺出版社，2011.10（2014.11重印）
ISBN 978-7-5339-3251-0

Ⅰ. ①随… Ⅱ. ①孟… Ⅲ. ①孟非-自传 Ⅳ. ①K825.42

中国版本图书馆CIP数据核字（2011）第191375号

责任编辑 陈 坚
特约监制 孟 祎 舒 以 罗 斐
特约编辑 张馨月
封面设计 艾维马克

随遇而安
孟非 著

出版 浙江文艺出版社
地址 杭州市体育场路347号 邮编 310006
网址 www.zjwycbs.cn
经销 浙江省新华书店集团有限公司
印刷 廊坊市兰新雅彩印有限公司
开本 700mm×980mm 1/16
字数 209千字
印张 16.5
版次 2011年10月第1版 2014年11月第15次印刷
书号 ISBN 978-7-5339-3251-0
定价 32.80 元